流氓教授

林建隆博士◎著

陳水扁總統親致作者信函

建隆教授道席：頃奉陳國策顧問少廷薦贈　大作「流氓教授」乙書，經已拜讀，如飲醇醪，百端交集。　大作情義真摯，血淚交織，字裏行間流露出百折不撓之堅毅勇氣；而　先生身處逆境，猶執著於自我期許，懷抱對生命的熱情，常存希望，永不放棄，更覺啟迪良深。李遠哲院長曾勉勵水扁：「艱困中成長的人，有最美好的理想。」印証於　先生昔日茹苦含辛，飽經淬鍊，終能突破重圍，迎向光明，尤其饒具意義。水扁誠願轉贈良言，至盼今後同為進退失據，徘徊歧路的青少年共獻心力。耑此致意，順頌

道祺

陳　水　扁　敬啟　七月三日

水扁用箋

兀那流氓博士！

【三立電視台創意總監】

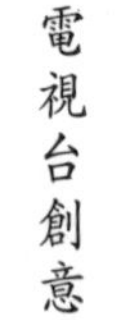

如果說，這世上我見過最ㄅㄧㄤˋ的怪胎，無疑就是流氓博士林建隆了。

他兩次因甲級流氓而遭管訓，卻又在牢裡蹲讀，居然給他考上大學，然後大學畢業，又得到了出國深造的機會，美國ＡＩＴ的人簽發他的證照，不敢相信台灣有這種人！他去了美國，居然又以詩的才情，拿到了詩學博士學位，適逢台灣民主政治起步期，乃專程回國加入反對運動，然後因看不慣反對黨的腐化，跳出來反對反對黨，後來乾脆親自參選。總之，他不改流氓性格，這人壞極了，卻又棒極了，我跟他相熟，爲他的傳奇所感動，每每給他害個半死，發誓不再理他，卻往往不由自主的往他的身邊靠，他欠我很多，我帶他吃喝玩樂，他罵我頹廢；我找他喝酒，他酒醉開車撞上橋墩，要我借錢給他修車；他選舉，我幫他站台，車子給人家劃上好大一個『幹』字，我也只能自己拖去車廠補漆；你不要跟他打麻將，他三兩下贏得你一脫拉庫的家當，因爲流氓變博士，很駭人的，從前的黑道賭徒加上後來博士的頭腦，你猜怎麼著？

輸得你脫褲子求饒！我詛咒這人應該從我的世界上消失，然而一旦他有好作品，我又成了頭號支持者，他以創作來豐富他的人生，不需要以枯躁無味的論文升等，就像他傳奇的過去，流氓怎會變成博士？博士又怎會曾經是流氓？

兀那流氓博士！我很想痛罵他一頓，我怎麼會倒楣到碰上這個怪胎？然而他的關懷面，早已超脫世俗的人道關懷，卻又引得我兩肋插刀，他會爲台灣瀕臨絕種的黑熊到台北火車站街頭朗誦詩作，還要拖著我一起去『獻藝』，好吧，我是黑熊，嗯，瀕臨絕種的台灣稀有動物，我也算是『與有榮焉』罷？

我挺他，不是一般社會上浪子回頭的庸俗故事，而是他的爆發力和行動力。其實我也滿壞的，但沒有林建隆被管訓的壞！我也挺好的，但沒有林建隆的好，他曾經是流氓，我曾經是『豎仔囝』；他是博士，而我則懶得再過學子生涯；我們唯一的相同處，是看不出當年那種兇狠的模樣，他很愛家，且力求創作上的突破，他的故事給青年人的啓示，顯而易見的，並非學壞水崩山的歷程，精確的說，曾經是被管訓的流氓，也能成爲哲學皇帝，這還不超酷、超炫的嗎？

比起過去熱中於政治活動的林建隆，現在的他回歸到文學的本色，不過老實說，他在從事

政治活動時，依舊我行我素的批判世界一切荒誕的事物，站在宣傳車上，他心底湧起了文學的靈感，政治人物關心的是當選與否？他卻觸發了文學的大愛，他有些政治判斷我並不同意，或許我在主流中迷失，而他早已掙脫了桎梏，或者應該說，早已沒有任何一樣牢籠，可以羈絆他的靈魂了。

重點是，去改變它

【人本教育基金會執行董事】史英

這是少有的經驗，幾天以來，心思縈繞，竟然無法下筆。我於是慢慢的明白，面對這書中的鮮血和眼淚，任何言語，都是矯情。

建隆以他親身的苦難，爲我們揭開了表面繁華之下的台灣的眞實；這種眞實，是我們這些『好人家出身』的人，向來都不敢知道、不願知道、又一直假裝不知道的。當我們因爲年輕和虛無而不能決定走向何方的時候，建隆正拖著鐵鍊和腳銬；當我們抱怨聯考壓力太大而不能自由發展的時候，建隆正尋求一考的機會而不可得！

然而，建隆又終於『走出來』了，而且用詩的語言寫下了種種的經歷。於是，建隆應該成爲激勵青年人的教材？我們或者可以淡淡的或嚴厲的這樣說：看看人家建隆是怎麼唸書的，你們怎能不知上進！然而，我以爲徬徨與迷惘是青年人的特權；若非擺脫了既定的意識，他們如何開創不同的未來？

【009】 重點是，去改變它

更重要的是，建隆徹夜躲在臭氣熏天的廁所裡讀書，並不是人們常日掛在嘴邊的什麼『上進』，而是一個雖然孤單而又卑微、但卻永不屈服的生命，爲了掙扎求活，與漫天蓋地的威權體制相抗衡的赤身肉搏。強權，無情的剝奪了他應有的徬徨與迷惘的機會；如果這可以是一種教訓，也只能是針對我們這些飽食終日的人，教訓我們竟然默許這種『剝奪』的不義直到今日，那麼，誰敢再拿這種『不義』，作爲後來者的教訓？

或者，我們可以來『開導』那些仍在圍牆裡的人？淡淡的或熱心的這樣說：看看建隆的成就，你們如果有心，也可以效法他的榜樣！然而，我以爲建隆絕不是足堪模仿的對象；衝破那樣的境遇，需要一種獨特的心智的憑藉，而那種憑藉，絕不能靠著模仿或激勵而能得來！

更進一步說，受不了誘惑、忍不住痛苦，乃是人情之常；非凡的意志，超人的勇氣，原本就不是我們、他們，或任何人之所該有。要求（或僅僅是期望）一般受刑人都像建隆那樣奮鬥，不只是妄想，反過來看，更是對強權的暗中維護——原來這些人之所以不能脫離苦海，都是因爲不像建隆那麼優秀的緣故；那麼，合理的審判，公正的司法，獄中的教誨，刑期無期的理想，又是爲誰而設的呢？

所幸，建隆也不是從來沒有犯過錯；如果建隆從『流氓坑』中直接、而不曾經歷過那些波

折、就當上教授，那才是讓所有礦坑、或無論那種『坑』中的孩子都抬不起頭來——人們可以說：你爸爸得矽肺，你妹妹當養女，你周圍的人都開賭場，那又有什麼關係呢？你可以當教授！而你之所以終於不當教授，完全要問你自己，不然，人家建隆怎麼就當上了呢？

所幸，建隆也不是從小就一副當教授的樣子；他雖然當小老師，但也打架，並且打群架；雖然立志做詩人，但也賭博，並且在賭場裡賭大的。少年時代的建隆，確實是一個『正常』的少年；環境給他如何的影響；他就如何的被影響著。這就堵了那些『說風涼話』的嘴，我們可以學他們的口氣：看看人家建隆小時候，你們如果有心，就該爲所有的孩子建造一個合理的成長環境！

然而，無論是什麼成長環境，我終於不能明白怎樣才能培養出一個『建隆』。大家都在挑土，爲什麼唯獨他心裡想著『薛西弗斯』？用心讀書的也不只一人，爲什麼只有他能了悟『自我』不是生存唯一的依據，而『具體的感覺到還有另一個自我的存在』？那一天被問『什麼學歷』，建隆回答『大學』，再補上『準備考大學』；這樣開玩笑的人很多，爲什麼只有他把自己的玩笑當眞？

建隆當眞考上大學了，但是沒有祝賀，沒有禮物，只得到『你要知道，這其實也沒什麼了

不起！我當初也是考上大學的，我是放棄大學才去考軍校的；像我這樣的人，在軍中其實也沒幾個』，以及這『沒幾個』的人一再的追問『是誰帶你去考大學的？』，以及，繼續被羈押的命運。

這樣，我們就可以體會：把聯考的門弄得很窄，把那個窄門弄成龍門，表面上是提供了一個翻身的機會，而我們的建隆也掌握了這個機會，但是，對於台灣社會來說，正是這個可望而不可及的機會，已經造成普遍的永遠無法撫平的傷口；對於『某一種』人而言，更是他們集體自卑感的源泉！這當然也是建隆受到進一步壓制的因由。

從某個角度來看，窄門的價值，是建立在『多數人被拒於門外』這個殘酷的事實之上的；而建隆之終於能夠改變其命運，除了他特殊的心智能力之外，也是以『多數人無力躍入龍門』爲代價而換取得來的。這樣，我們就可以明白，那些反對把『大學教育』當成『普遍權利』的人，表面上雖然以『維持品質』爲名，但實質上，只是不能放棄心中對龍門的嚮往！

這種嚮往，實在是叫人心疼！看不到公理的人，只好以『不合於公理』的機會爲唯一的希望；越是賺不到錢的人，越是要依靠彩券和賭場！

流氓坑那樣的環境，無需審判就可以抓人的『管訓』，獄中非人的待遇，想不要都不能不

要的假釋，百分之七十的人（以同年齡人口，而不是以報名人數計算）都無緣享有的高等教育，所以這一切，都不會因爲建隆已經『走出來』了而改變；恰恰相反，正是因爲建隆曾經經歷，而且以詩的語言做了記錄，我們這些『飽漢』才不能假裝不知道、不願知道、或不敢知道！

在堅硬的石牆縫中，長出了一株小草，並且開了美麗的花。路過的行人忍不住讚嘆：多麼的堅毅不拔！但有誰聽見小草的呼號：我寧可要土壤、雨水，和一個溫暖的家；與其欣賞我的成就，不如合力來拆了它！

然而，面對這書中的鮮血和眼淚，我仍然覺得，任何言語，難免還有矯情；我只能反覆思索著刻在那座墓碑上的話：不同的哲學家用不同的語言詮釋這個世界，但是，重點是去改變它（The point, however, is to change it.——Karl Marx）！

流氓教授

兀那流氓博士！ 魚夫 005
重點是，去改變它 史英 008

1 地下監獄

失蹤 018
甕中之鱉 024
十八層地獄 031
阿鐵 037
歹手 043
脫褲口訣 048
相拍雞仔 054
推巨石的薛西弗斯 062
美國夢 067
阿鐵的祕密 073
脫逃 080

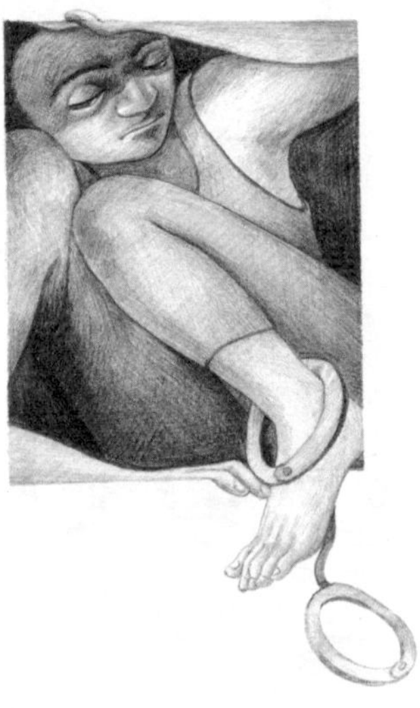

2 龜山

監獄即學校？ 088
鐵窗道場 099
認親 105
綠林補校 110
弄假成真 116
童養媳 122
犯罪世代化 128
三弟入獄 134
模範生 142
大學夢碎 148

流氓教授

3 重回管訓隊

命運的轉盤 158
一隻螃蟹 164
大海中的浮木 170
檢定考試 176
又見脫逃 182
蛆 187
偷偷赴考 192
『非法』上榜 199
再留一年 205
一道金色的陽光 210
後記 217

1 地下監獄

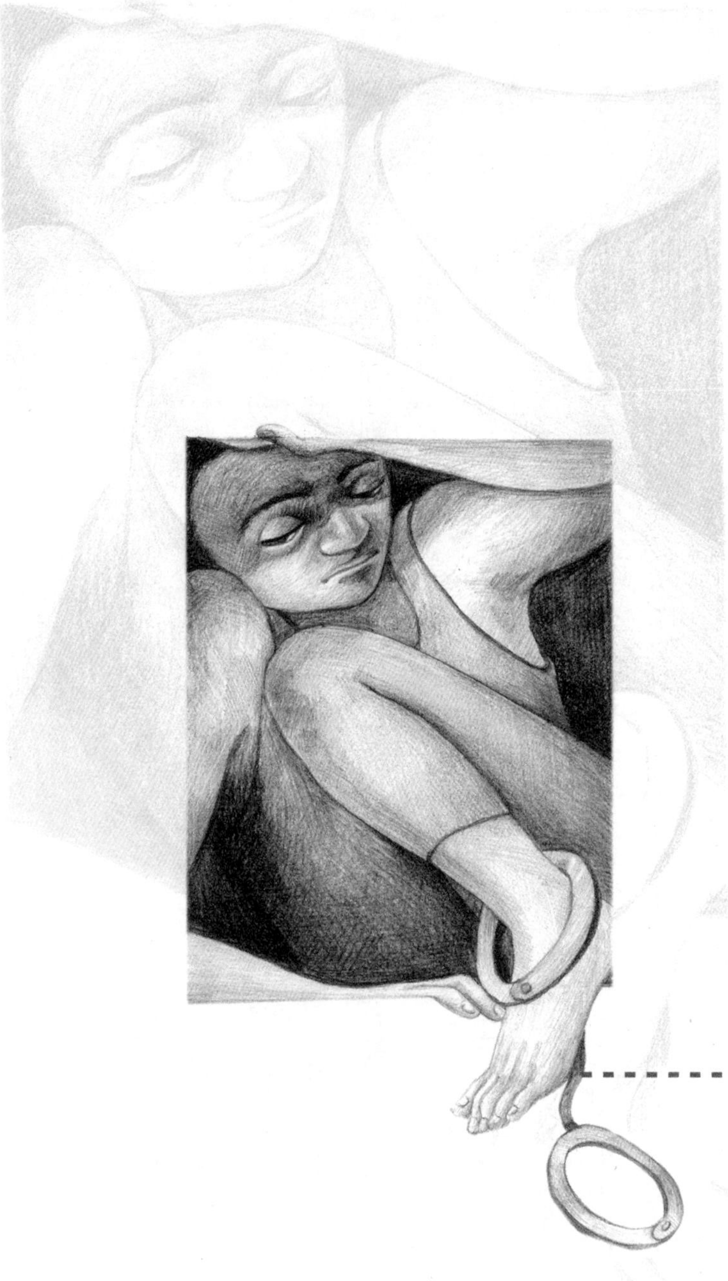

失蹤

『你還記得嗎？在你還不會走路，還在地上爬的時候，有一天黃昏，太陽還赤艷艷的，我從肥料會社下工回來，看見你大姊帶著二姊、三姊，在戶庭內外正玩得熱鬧。我入內掀開門簾，通鋪上只有你哥哥，可能是玩累了，正趴在那兒睡著。我到處看，卻不見你的蹤影。回頭我問姊姊們，都推說你在通鋪上爬著。我邊打邊罵邊問，淚水像斷了線的珠子，她們也都急得哭了。我帶著她們滿厝間仔細尋找。但你也知道，一間九坪大的礦寮，前面是廳廚，後面是通鋪，腳底下是烏黑的泥炭，有多少好找？

我們很快踏出屋外，我三步做兩步衝到對面，沿輕便車鐵軌邊喊邊找，你三個姊姊則走在門口運煤的牛車路，也學著我邊喊邊找，我們的呼聲震天。一時間，左鄰右舍也都陸續加進來幫著找，有人甚至拿出鋁製的臉盆，沿鐵軌外洗煤的溪圳噹噹地敲著。搜尋的人們很自然地形成三個平行的隊伍，朝坑口的方向緩緩移動。另外，你叔公和嬸婆也召集一批人馬，反方向往炭埕那邊一路下坡敲打著找去。整個煤村，因你的失蹤，像無端被砸的蜂窩，頓時騷動了起來。走在我前後，幾個年老的歐巴桑邊找邊叮嚀年輕的歐桑，要小心拐賣幼童的「鳳陽婆」，

我聽了忍不住放聲哭了起來。

就這樣哭著找著，眼看夏日就要沒了，你阿爸也快要出坑了，忽然一個年輕的歐桑跑上來：「阿款啊！您建隆仔找到了啦！」我聽了一陣驚喜，兩手抱著心肝，忍著暈眩問道：「找到了？是誰找到的？他現在在哪裏？」那歐桑不等我問完便急著接話：「有人看見他從你家通舖底下爬出來，天黑以前就爬出來的，坐在地上連哭也沒哭一聲，聽說滿頭滿臉都是蜘蛛絲，還有老鼠屎呢！趕快回去吧！」你還記得嗎？你可能已經忘了，但這是我最愛講，也是你阿爸最愛聽的故事。」

母親邊講邊細細打量我——光頭，原住民般誇張的雙眼皮、獅子鼻，配上清秀的眉毛，斯文的嘴唇和整齊的牙齒，一身黑色打扮——黑衣黑褲黑鞋黑襪，還有一副生鏽的腳鐐，看起來怪怪的。我用『怪』來形容自己，因爲從母親的瞳孔不斷射出怪異的眼神。她大概以爲這裏就是監獄了，以爲我不是因『殺人未遂』被判五年，而是因『殺人』等著被槍斃。不然，怎會套著黑衣，戴著腳鐐呢？她哪裏知道，在這裏我其實是一個『無罪的囚犯』，一個就算脫逃，也只能當場格斃，或捉回凌遲，卻無『法』正式判處『脫逃罪』的『囚犯』。我該如何向她解釋這裏不是監獄，而是專關『流氓』的管訓隊？她又如何能理解什麼是『動員勘亂時期取締流氓

條款』？什麼是『警備總部』？什麼是囚犯與流氓的差異？其實在當時，連我自己也搞不太清楚，只知囚犯是由法官判決的，而流氓則是由警備總部認定或批准，下令巡行逮捕監禁的。

母親一出生，便被送到父親這頭當『童養媳』，和父親一起長大，大了便與他『送作堆』。據母親說，她之所以成爲『童養媳』，不是因爲娘家窮，而是因爲自己『命歹』。誰叫她剛好在外祖母尚未斷奶時出生？爲了將一把奶水完整地留給大舅，外祖母只好忍痛將她割捨。母親奇怪的說法，經我日後查證，發現果眞是事實。她的父親不僅擁有完整的茶山和田產，就連廟宇式的祖堂也一應俱全。而她的母親，不只娘家的生活比夫家好過，並且更增一點書香。外祖母單名一個『擶』字，到現在我還不會發音。總之，我相信母親的說法，她不是被貧窮遺棄，而是被『男尊女卑』的封建觀念給出賣了。

『童養媳』，照規矩是要食人所不食，做人所不做；不單要逆來順受，還得有耳無口。但母親的成長過程，卻不按這個法則。她雖非俗語所譏的『媳婦仔王』，卻也不是飽受歧視的『臭頭雞仔』，她和父親一起長大，一起接受長輩的呵護，儘管生活一直是十分的艱苦。如果說她和父親有什麼不平等的地方，那就是她在日據時代擔任警役所工友時，有機會接受一點日文補習教育，而父親則是標準的目不識丁。母親之所以能獲得一點文字教育，與其說是機運，

不如說是她的聰慧所致。遇到聰明的孩子，任誰都會有一股衝動，想教他認識幾個字。我國中時讀過美國黑奴時代的小說，發現白人主人，一旦碰到聰明的黑奴小孩，總忍不住想教他讀經寫字。

回頭來說父親，他一字不識，並非沒有機會識字。事實上，在他學齡時，日本政府已實施小學義務教育，孩子不來上學，父母就要罰款。問題是所繳的罰款有限，田裏的人手永遠不夠。按父親自己的說法，當時，他是有自主權的，可以選擇上學，也可以選擇逃避，他選擇後者。每當日本老師會同警察來鄉下抓適齡學童時，他便和其他小孩一起到山上去躲著。『也不知是躲什麼？』父親日後自己承認，不識字完全是自己的選擇。

再者，母親的表達能力絕非父親所能望其項背。儘管父親常以丈夫的威權任意搶白，或糾正母親的言詞，然而，眞正需要展現口才時，不論是對內，還是對外，父親總是十分阿Q地推給母親。還有一項，那就是母親超強的記憶力。記得每次父親對我們講述他的童年，或先祖的事跡時，總會出現一些矛盾或跳躍的情節，而澄清和補遺的工作，總是留給母親。有一次，我們一起站在海邊，望著遠方的基隆嶼。父親忽然有感而發地告訴我們，他在日本時代曾經乘船到島上，參與基礎建設的工作。我好奇地問道：『什麼工作？』他說：『挑土！』講到這裏便

再也沒有下文。還好有母親接著，她不但生動地轉述她所記得有關那島的故事，並且信口唸出古早移民感懷基隆嶼的詩句。

當母親略帶陶醉地講述我幼時『失蹤』的故事時，父親雖也專注傾聽，但神情卻顯得有些煩躁。他似乎在怪罪母親，儘講些絮絮叨叨的孩提瑣事，而忘了面會時間的寶貴，但面對戴著腳鐐的兒子，自己卻說不出半句話來。他一邊忍受母親的嘮叨，一邊百無聊賴地瀏覽這個奇怪的地方。

警衛森嚴的會客室是管訓隊唯一的出入口，會客室僅有的一扇窗則是父親視線掃描的起點。從這裏望出去，四個長方形的營房，外面圍著數層樓高的鐵絲網。父親的眼珠忽而左右旋轉，像在搜尋鐵絲網外的崗哨，忽而上下移動，像一對振翅的小鳥，忽上忽下，探測眼前崇山的高度。每個營房門口，各有一個小操場。營房與營房之間，有柏油路相通。四條柏油路正好劃出一個大操場。大操場兩邊，各有一個司令台，在藍天之下，活像兩個對奕沉思的棋手。兩個司令台之間，星羅著許多巨石，遠遠望去彷如象棋盤中的落子。

父親的想法是對的，面會時間確實十分寶貴。但他不了解，母親在對我說話時，並沒有浪費任何一秒鐘。表面上，她只是專注地講述我兒時『失蹤』的故事。其實，她是在暗示我：

『爬得進，就爬得出，這點你在還不會走路時就已經辦得到。』我發現母親的另一個長處，她是一個不識字的詩人，而我完全聽得懂她的語言。

甕中之鱉

一九七八年春，我被基隆警方以『流氓』名義移送國防部警備總司令部管訓，那年我廿三歲。被捕的那天晚上，天飄著細雨，我身穿藍色風衣，頭戴黑色呢帽，走在基隆田寮港的東橋。突然前後兩組人馬，將我的前途後路完全截斷。我因爲是在訪友途中，身上沒帶任何武器，再加上東橋那一段路，左右兩邊沒有任何巷弄，離田寮港也有相當距離，只要警方前後包抄，我便如甕中之鱉。因此，我選擇不抵抗，也不逃避，我想或許我可以跟他們講講理。

來到分局，我問他們：『我犯了什麼罪？』沒有人理我。我再問一句：『我到底犯了什麼罪？』終於有一個刑警慢條斯理地開口：『殺人未遂！』我說：『殺人未遂官司，我從頭到尾坦然面對，檢察官也准我以五萬元交保，交保期間法院已判我五年徒刑，我不但放棄上訴，而且準備執行公文一下來，就去報到服刑，你們幹嘛還來圍捕？』那個慢條斯理的刑警又回了一句，這時，他的手中多了一份文件：『經營賭場、賭博、攜帶武器、違警十幾次。』我明知跟他抬嘴無用，但還是頂了回去：『我經營賭場，我賭博，你們抓到了嗎？我攜帶武器，我違警，哪一次沒被關過呢？我欠你們的債，哪一條沒有還清呢？』那個慢條斯理的刑警不再回話

了。其他的刑警不是遞香煙，就是買檳榔，有一個更過意不去的，竟跑到對街的麵攤，端一碗什錦麵過來。總之，我是警備總部要的人，他們只是奉命追捕，這點，我非常清楚。

等候送管訓期間，我被關在警局拘留所，罪名是『妨害安寧秩序』。拘留所裏關著各式各樣的人，有賭徒，有流鶯，有在撞球間被臨檢的刑警帶回來的青少年。我利用每日都有人進出的機會，試圖將口信帶給我的家人。我知道我礦工的家庭背景，絕無可能扭轉我的命運，何況我已厭倦四年來到處躲避警總追緝的日子。我只是想在『管訓』之前，再見父母一面而已，但直到『起解』那天，仍見不到他們。後來我才知道，我的父母並不是沒有來，而是警方照例向他們推說：『沒有這個人』。從此，我便成爲非正式的『失蹤人口』。

剛到管訓隊，當然是先進總隊，我被帶往總隊部直轄的一個過度中隊，等候被送往一個被形容成『地獄』的新收隊，去接受爲期十六週的『魔鬼訓練』。過度中隊的營房是長方形的，入口處叫中山室，左右牆上分別掛著國父和蔣公肖像。走進那營房，我的心情平靜得彷如歸巢的倦鳥，畢竟我已厭倦四年來東躲西藏的日子。行經中山室，我的眼睛忽然爲之一亮。就在蔣公肖像底下，一字排開站著五個管訓隊員，新剃的光頭，一身黑色卡其工作服，嘴角冷冷的，似笑非笑。很快地，我發現他們一個比一個矮。仔細一看，原來他們腳上各戴著一副十二公斤

的腳鐐。我說十二公斤，並不是指腳鐐本身，而是連同綁在上面的兩顆鐵球。腳鐐的重量迫使他們整個身體往下沉，以維持上下的平衡。我不知道爲什麼這些人必須在蔣公肖像底下罰站，只覺得走過他們背後，一顆心忽然變得沉重了起來。

剃髮之後，領了制服，我被帶到一個『特殊』床位的上鋪。『特殊』是因爲下鋪住著某『外省掛』大幫派的開幫大哥，他姓王，聽說是個高幹子弟，從小和『太子』混在一起的。了解他的背景之後，我覺得心理平衡了許多，因爲連他這種家世的人也來管訓，而我只是一個礦工的兒子。就在我即將爬到他的頭上之際，他開口了：『哪裏的？』『基隆田寮港！』他把頭歪了一下：『嗯！聽過，田寮港哪裏？』『礦區！』王大哥笑出一排寬大的牙齒，然後碎碎地唸著：『聽說基隆田寮港有一個礦區，日據時代被稱做「流氓坑」，那是日本政府管訓台灣流氓的地方。和現在比起來，日本政府的作法很不一樣。當日本警察抓到台灣流氓時，並不會把他們關進像現在這樣的地方，任他們的妻兒從娼的從娼，流浪的流浪，而是將他們送到礦區，強制他們參與勞動生產。至於生產所得，政府照給，不過，必須扣下一部分薪水撥給他們的妻兒。這樣管訓幾年後，才讓他們恢復自由。日本政府對台灣流氓，雖說也是未經起訴審判就剝奪他們的自由，但比起現在還是較令人心服。你是不是來自那個「流氓坑」？』我笑一笑，沒有作

答。王大哥接著說：『你如果眞的來自那個「流氓坑」，那麼，你應該很會賭囉？』我還是沒有答腔，只在臉上擠出一絲苦笑。

說起賭，我想那是我的宿命吧！我生長在一個賭風鼎盛的礦區，那裏雖是一個貧民窟，卻幾乎是無人不賭，而且賭法琳瑯多樣。牌九、梭哈十分陽剛，撿紅點、四色牌較爲陰柔，麻將、骰子則男女共享，其他還有象棋、暗棋、接龍，可說無所不賭。至於小孩的賭注也不遑多讓，大一點的擲錢猜幣，小一點的尪標彈珠，再小一點的龍眼核也可以輸贏。

我十七歲就聽老一輩說起，我們的礦區在日本時代是一個『流氓坑』。從遺傳的角度來看，這當然是礦區人們好賭的原因。另一個現實的因素是，每日在地底下與死神搏鬥的礦工們需要追求刺激。我們的礦區有一句俗話：『抽鴉片的是死了還沒有埋；做礦工的是埋了還沒有死。』每天天還未亮，礦工們就得把自己埋入通往地獄的坑道，挖掘全家大小一日的糧食，一不小心便可能慘遭落磐的活埋。要是有幸出得坑來，儘管天早已黑了，又怎能不藉刺激性的活動，驅除死神的陰影，迎接生命的陽光？刺激性的活動除了飲酒、做愛以外，賭博也是能讓礦工們『刻骨銘心』的選擇。還有一個原因，我們的礦區地處偏僻，比較不會引起警方的注意，再加上『炭坑人』看慣了賭博，心理既不排斥，也就沒有人會向警方檢舉了，這樣有利的主客

觀條件，當然會吸引不少職業賭場前來經營。就這樣，本庄人小賭，外地人大賭，整個礦區儼然是一個賭窟。

生長在這樣的環境，即使是『孟子』，若不『三遷』，恐怕也是照賭。從小，我和玩伴穿梭嬉戲於礦區的大小賭場，耳濡目染之下，不要說骰子、梭哈，就連最難的牌九、四色牌也都樣樣精通。常常，我會因好奇而駐足在某個賭客身後，要是碰巧發現他打錯了牌，還會忍不住出聲加以制止。這樣可愛的小動作，總會引起賭客們好笑又好氣的咒罵。其實，認眞說起來，我的學前教育是在賭場獲得啓蒙的。我的中文是從麻將的『梅蘭竹菊』和四色牌的『帥仕相』學起，數學則是藉骰子和牌九的複雜點數打下加減乘除的基礎，而我最早學會的英文字母是梭哈上的ＡＪＱＫ。講到『賭』，我的心理是十分複雜的。

王大哥又說話了：『這裏是總隊部，談話比較自由，書信也不限制，等你到了新收隊，那裏可是十八層地獄。說眞的，你看起來跟一般角頭兄弟不太一樣，我請問你，你會不會寫文章？』我聽了一愣，他接著解釋：『我的意思是，你能不能幫我寫一封較長的信？一封陳情書？』我不願提起我在小學、國中時，每年都是作文比賽冠軍，我只是信口答了一個字：『會』。王大哥略爲研究我自信的表情，然後取出一疊十行紙。

『這裏面寫著我的冤情，也寫著你和所有在這裏接受「流氓管訓」的人的冤情。你我都是「迌迌人」，「迌迌人」一般指的是無所事事的人，但其實不然，我們也是認眞在經營事業的人。你知道賭博在歐美許多國家都是合法的，屬於提供休閒娛樂的服務業。這樣的服務業，只要管理得宜，會是健康的，而且會爲政府增加許多的稅收，但若無視於賭是人性的一部分，硬要將它視爲非法，只會將它逼入地下，徒然滋生許多的罪惡來。像我們爲了賭場紛爭打打殺殺的，這些在賭博合法化的國家根本不可能發生。好！就算我們經營賭場是非法的，也因賭場糾紛犯了一些罪。然而，再怎麼說，一罪不能兩罰，絕不該不經司法審判程序，僅憑警察機關主觀認定，就可以報請警備總部核准，將我們偷偷逮捕，祕密監禁，而且一關就是三、五年。我要講的話都寫在這裏，寫得很粗糙，也很情緒化，所以要請你幫個忙，看能不能將它修改成一篇情理法兼顧的文章。』王大哥的信是寫給管訓隊的上級單位，一位與他交情匪淺的將軍級人物。

翌日，我幫王大哥改寫書信。我一邊寫一邊想：『對！一罪不能兩罰，王大哥說的沒錯，既然設了法院，爲何又疊床架屋一個「東廠」似的警備總部呢？所謂「好漢做事好漢當」，自己犯了法，被法院判刑是應該的，但爲何警備總部可以繞過法院，逕行將我逮捕？可以隨便按

上一個「流氓」罪名，就將我關進軍營裏來呢？』記得台灣民間有一句俗語：『一隻牛不能剝兩層皮』，我是人，難道就可以例外嗎？我越想越憤慨。

修改完王大哥的陳情書，我想這位將軍要是眞的跟王大哥有深厚交情的話，應該會想辦法救他出去的。我的判斷不只是根據那封『陳情書』，也有我的觀察做基礎。比如，我注意到總隊的每一個隊員都必須出操，只有王大哥像是來度假的，悠哉游哉，到處閒逛，光憑這點，我就認爲他是不可能跟我們一起被轉送到新收隊那個『十八層地獄』的。看著手中的陳情書，我確信它只能拯救王大哥一人而已。至於我和其他等著被送往地獄的『流氓』，是無處『陳情』的。我們只能在認命和脫逃之間做一抉擇，我選擇後者。

十八層地獄

上車時，我發現在中山室裏日夜罰站的那五個人，早已蹲在車內。蹲著會比較舒服吧？他們還戴著十二公斤的腳鐐呢！

上車前，我和同梯次的隊友，先後被戴上三公斤的腳鐐，腳鐐環中間有一條鐵鍊，用麻繩繫著，綁在腰帶的銅環，走起路來叮叮噹噹的，好不熱鬧。我想像周遭一隻隻的企鵝，自己也跟著學步，走著走著，竟也覺得有趣。一路上，我小心觀察腳鐐上鎖死的鐵絲紋路，窗外的藍天被幾片黑布罩著。我用手肘頂了一下左邊的胖子：『前面那五個，怎麼了？』『脫逃！本來可以在總隊多待一些時日的，爲了配合他們遣送，才來三天就得上路，眞他媽的！』說完，他打了個長呵欠，顯然準備好好睡它一覺。但我大概比他更早睡著吧！因爲我在夢中依稀聽見，那胖子喃喃地抱怨他的腳鐐環太小。

我是一路睡到新收隊的沒錯。當我從車窗上黑布的起伏，判斷出欄柵的厚度，便立刻遁入夢鄉，暫時擱置脫逃的企圖。說起我睡覺的功夫，我必須再提一下我的父親，他可以一碰到枕頭，五秒鐘內便睡著。我母親最喜歡在我面前描述父親睡覺的能耐，間接也是對我的一種調

侃：『你阿爸眞是好睡，無米了，他也睡；屋漏了，他也睡，你開始逃學、逃家了，他也睡；你第一次被查獲刀械關入拘留所時，他也睡，後來你經營賭場，砍人被殺，流氓牌都掛到脖子上了，他也睡；甚至在你被判刑，被抓去管訓之後，他依舊不改好睡的習性。其實，你阿爸也不是不關心你，他自己遭逢噩運時，也是照睡不誤。記得那年礦變，他被炸斷左掌，腸子縫了一兩百針，也是該睡時，二話不說，闔眼便睡。不過，醫生告訴我，好睡比良藥還要有效。』

的確，遺傳自父親『好睡』的習性，不但讓我擁有良好的體質，並且幫助我度過逃亡、管訓、入獄的種種磨難。記得有一次，我被一票刑警追入一條長巷，那長巷明明是一條死巷，但我不知道，我只知道當我跑到巷底時，睡蟲忽然來了。那時巷底的牆角臥著一群半睡半醒的流浪狗，牠們看我跑來，還來不及反應，便見我坐在牠們身旁睡著。之後的情形可能是，流浪狗對著那票刑警狂吠，在黑暗中，刑警們可能以爲我早已翻牆穿過巷底的人家，也可能認爲我只是警總下令逮捕的流氓，並非什麼欽命要犯，犯不著跟那群兇狗對決，所以撤退。總之，我就那樣靠著牆角睡著，醒來時發現狗兒們熱燙燙的長舌正舔著我的臉頰。離去前，我感動得一一摟著牠們的脖子，告訴牠們日後我若有能力的話，一定會報答牠們的。

『下車！』一聲怒吼劃破一車的美夢。我很快醒來，發現車子已停在新收隊隊部門前。還

未下車，車外已瀰漫著肅殺的氣氛。『脫逃的先下！』我的眼珠隨口令轉向前座那五個。孵完十二公斤的腳鐐，他們一個個起身，緩步向車門靠攏。突然間，一陣棍棒飛來，第一個被打落地面。緊接著第二個、第三個，被搶進車內的衛兵亂棒搥打。雖是亂棒，打得卻非常技巧，全都落在胸、腹、背等不致造成外傷的部位。很快地，他們被一一打下囚車。

『匍匐前進！』目標當然是隊部的中山室。只見那五個脫逃的，一個個以溺水求生的姿勢，雙臂引領全身向前泅泳，無奈後腳跟一副沉重的腳鐐。爬行中，第二個，不！第三個突然發出一陣長嚎，然後便停止掙扎。第四個和第五個趁機超前。他們回頭看看第三個，一桶冷水澆下，頭上冒出幾縷白煙。兩個衛兵一人一手拖著，俯臥的身軀很快超越前面那四個，原來暈死的爬行速度反而更快。

輪到我們下車了，我不願思索如何下車，畢竟如何下車不是我們決定的。『新收隊員下車！』這個口令如何解讀？是我們自己下車？還是等著被打下車？在這樣凶險的時刻，我竟還回憶著剛剛在囚車內所做的奇異的夢：『我和兩個比丘尼打扮的法師、官員、立委，還有穿著黑熊、雲豹、流浪狗道具裝的人士，一起坐在一個大會議室講台的長桌。桌上擺著文件、茶水、姓名牌和麥克風。台下坐著穿著入時的男女記者，偶爾交頭接耳，偶爾振筆疾書，走道上

鎂光燈閃著……』我不知道這個奇異的夢日後是否會成眞，但我確實在進入管訓隊大約兩、三年前，就已夢見自己在管訓隊生活的情形。

做夢那天，我活動的情形，如今仍歷歷在目：前晚，我招待台北來的『外省掛』朋友喝酒，大醉，在飯店一直睡到傍晚才醒。醒來到朋友開的賭場推牌九，一進一出的，直賭到晚上十一點還不見輸贏。我不喜歡這樣的賭局，正想走，剛好我的死忠戰友阿丁的弟弟阿樂闖了進來，說他哥哥在舞廳喝醉了，才不過踢翻幾張桌子，舞廳的保鑣，青一色是警察兼差的，便過來動手。阿丁被K得滿臉是血，不願到醫院去，直嚷著要找我。我聽完一愣，立即放下牌九，喚醒在我背後沙發上打盹的阿鐵。

阿鐵一出生便不知父母是誰，在孤兒院度過他灰色的童年。十一歲逃離孤兒院，聽說他母親是基隆田寮港人，酒吧女出身的，於是便『跳火車』到基隆。認識他時，我國中二年級，功課很好，卻很愛打架。每天晚上，特別是週末夜晚，我都會到田寮港邊的涼亭看書，一來可爲家裏省電，二來也可結識一些街頭頑童。一天晚上，我正在涼亭讀一本很難讀得懂的詩集，阿鐵走過來向我借火。我說：『什麼火？』他說：『火柴！』我說：『我不抽煙，哪來火柴？』他一邊譏笑我，一邊亮出打火機，爲自己，也爲我點燃一根長壽，那是我第一次抽煙。他面對

逝去的港水，吐出整串的煙圈，遠處一聲貨輪的鳴笛。『你認不認識一個叫Keoko的女人？』我說：『不認識，不過我大姊也叫阿Ko』。他說：『我可以確定你大姊絕對不是我媽媽。』說完，我們相互擁抱，笑成一團。

那天以後，阿鐵便常來學校找我，而我也一定和他分享便當，儘管便當的內容十分貧乏，不是米飯加菜脯蛋，就是單單米飯而已。從此，我在學校裏打架便少有敵手，每當我遇見對方人多而落居下風時，阿鐵便會適時出現。阿鐵比我小一歲，肌肉卻比我發達，尤其是他的膽識，簡直像搏命一般，令我自嘆弗如。有一次，我們比賽推煤車，一趟四百公尺的上坡路，他竟領先我五十公尺，我懷疑他母親可能是礦工的女兒。國中時代，我與人打架，頂多用鐵手套或手指虎，阿鐵卻動不動亮出扁鑽。有一回，一票外校的傢伙很看不慣我，約我到體育場較量較量。雙方各限五人，說好不帶武器，沒想到碰面時，對方竟來了六個。其中一位是那個看不慣我的傢伙的哥哥，已在賭場混了些時日。他向我走來時，手中明顯亮著扁鑽。突然間，阿鐵出現了，他右手插著腰，左手握著一把『小武士』。在七〇年代，愛打架的青少年對於『小武士』都只是聽說而已，沒有人真正看過——而此刻『它』就握在阿鐵的手中……

我帶著阿鐵、阿樂他們趕到舞廳，舞池裏正放著慢四步，我也用慢四步滑向櫃台，問經

理：『剛剛阿丁怎麼啦？』他要我聽他解釋，還未解釋，阿鐵和阿樂他們已把所有的桌椅踢翻，接著用手上的木劍，砸毀每一塊玻璃。那經理大概以為我是有備而來，樓下至少準備有二、三十個兄弟，所以只好苦笑著臉，任由他們去砸。但其實他錯了，以我這種急躁的個性，恨不得單槍匹馬就飛過來，何況又有慓悍的阿鐵跟著，哪有耐心再去邀集其他的兄弟呢？把舞廳砸毀之後，我獨自回到飯店睡覺。當晚便夢見，我在管訓隊裏，剃著光頭，戴著腳鐐，唱著一首熟悉的歌。

阿鐵

隨著一隊青蛙，跳入中山室。右邊牆上的蔣公注視左邊牆上的掛鐘，十點三十分。交付保管隨身的行李，哪有行李？不過襯衫、西褲、皮帶、腕錶和鞋襪而已。之後便是領裝備，所謂裝備只是一套純黑長袖卡其工作服，左胸佩著紅色名牌。紅牌代表新收，十六週的折磨後，分發到工作隊，改掛綠牌，穿灰色工作服，一年後換成黃牌，再一年佩上白牌，便可開始數饅頭，一天一個，大概還要再吃三百個才可以恢復自由。除了工作服，還有一條皮帶，皮帶銅環的開合處繫一條粗麻繩，繩的另一頭綁著鐵鍊，鐵鍊底下是三公斤的腳鐐，這才是主要『裝備』。

衛兵敲掉我們腳上的戒具，爲我們換上全新的『裝備』。比起總隊，新收隊的『裝備』眞是齊全。除了我們新戴的三公斤腳鐐，還有六公斤、九公斤、十二公斤的。而且要多少有多少，絕不缺貨，不像總隊那樣，遇到斤兩不足，只好綁兩個鐵球充數。按走路姿勢區分，我將三公斤的腳鐐稱爲小企鵝，六公斤的稱爲大企鵝。至於九公斤和十二公斤的，我分別爲它們取名爲小螃蟹和大螃蟹，因爲它們的造型並不是兩個鐵圈，中間用鍊條串成，而是整片長方形鐵

板，中間挖兩個洞，把洞打開，穿上去便只能橫行。小螃蟹和大螃蟹不同的地方在於，小螃蟹是橫著走的，而大螃蟹是橫著跳的。

通常新收隊隊員只戴三公斤的腳鐐，但升格為大企鵝的機會也滿多的，譬如不守隊規、打架、被查獲家書、字條或書報雜誌。而九公斤戒具則是專門為企圖自殺或脫逃的傢伙設計的，比如被搜出刀片、鐵丁或鋼鋸，便得學習螃蟹走路的姿勢。至於十二公斤的大螃蟹，那五個和我們一起解送新收隊的脫逃者便是。

十分鐘後，我們開始在操場前的柏油路出操。路是四十五度的斜坡，看起來像是特別設計的。路的兩旁站滿先前棒打脫逃隊員的衛兵，一律灰色裝扮，在他們背後，又有荷槍實彈的衛兵，身穿藍色制服。我們從坡頂一路翻筋斗而下，到了谷底再蛙跳上去，然後又翻下來，再匍匐爬回坡頂。來回三趟，再要匍匐上坡的時候，我發現一個五、六十歲的長者，在我前面趴著，已經暈死過去。我停下來，想要為他急救，突然一桶冷水潑在他頭上，我的後腦也冷不防挨了一下，不！是兩下。那第二下後來聽說出手很重，但我當時只覺得後腦被一根棍子重重壓了一下而已。

我本能地回頭，赫然看見一張撕碎了也還認得的臉，只有灰色制服是陌生的，那是阿鐵。

『兩年多不見，阿鐵怎會在新收隊幹起「衛兵」來了呢？』還來不及想太多，我立刻配合阿鐵的動作，當場暈了過去。

由於是打在頭部，阿鐵有理由把我扛到樹蔭下，需要的話，再轉送醫務室。一個中尉小隊長和一個老芋仔隊副過來探視，確定我沒死，便再聲提醒阿鐵：『下次打人，千萬不能對準頭部。』阿鐵連連稱是。等他們走了，阿鐵才轉過頭來，面對樹幹向我道歉：『對不起！我不能不搶著出手，副隊長揮棍了，我要是動作不夠快，別的衛兵一定會跟著打，而且下手一定會很重，你也一定會反抗，那後果可就嚴重了。再說，我若不出手，也沒有理由接近你，更別說在這裏和你講話了。你一進來，我就看見你了，剛才，好在我離你很近，搶著打還來得及。』我問阿鐵：『你怎麼會在這裏當衛兵呢？』他遲疑了一下，還是對著樹幹說：『坦白告訴你，我是保安隊員。』『什麼保安隊員？』我記得我的移送書上寫的是：流氓矯正隊員。『保安隊員就是惡性重大的竊盜累犯，被法院判處強制工作後，送到這裏執行的。』他邊說邊用眼角瞄著我。『什麼？』我話還沒出口，阿鐵的手早已封住我的嘴巴，『小聲一點，這裏不是賭場。』

我們相視良久，阿鐵才又繼續向樹幹解釋：『對不起！這麼多年來，我一直都瞞著你。我十一歲逃離孤兒院，十四歲在基隆田寮港邊認識你，中間隔了三年。三年來我流浪街頭，又

找不到母親，不偷的話，難道要我餓死？認識你那天，記得是人們用過晚餐的時候，而我的肚子正餓得慌，身上卻只剩一包偷來的煙。我問你借火，順便打聽我母親的下落。你沒聽過我的母親，卻告訴我一堆有關你母親的事情。我覺得你媽媽好偉大！在肥料二廠做工，幫丈夫養活十個孩子。你還告訴我你讀過的書，說長大以後要當什麼「詩人」。反正我們談得很高興，我也信誓旦旦地說，長大以後也要成為一位詩人。

我只顧著陪你做夢，完全忘了我還沒吃晚餐呢！第二天，我到學校去找你，你讓我分享你媽媽做的便當。從此，我便視你為兄弟，因為我吃過你媽媽做的便當，我覺得我已不再是個孤兒。然而，我還是得繼續流浪，繼續偷。每次，我去找你，就是我決心不再偷的時候。但很快的我便選擇離開，因為我過不慣賭場的生活。又要招待賭客，又要巴結警察，坦白說，我實在做不來。我從小就吃警察的虧長大的，他們總是又要拿又要抓。我覺得還是靠自己偷比較實在。』

我耐心地聽完阿鐵的解釋，然後緩緩把頭轉向他，但他已轉身跑向副隊長，嘰嘰喳喳不知報告些什麼。看著阿鐵的身影，我這才恍然，原來他每次與我短暫的相處，都是入獄的前兆，都是入獄前與親人話別的意思。難怪他與我一直是聚少離多。阿鐵很快地跑回來，說已經向副

隊長報告過，要帶我到醫務室檢查。一路上，阿鐵假裝狠狠地罵著，還不斷用衛兵棍頂著我，不知情的人還以爲他在替副隊長警告我：『不巧打到你的頭，息事寧人也就算了，否則……』但其實阿鐵對我說的是：『千萬不要歧視保安隊員，否則你會吃虧的，因爲管訓隊一直都用小偷在管流氓。原因很簡單，流氓管訓說是五年，其實三兩年就走了。這中間還被調來調去的，所以到那裏幾乎都被當成菜鳥。不像保安隊員，大部份都得待上五七年。所謂「戲棚下站久，才擁有戲棚」，連官兵都這麼認爲。再說，流氓是不經審判的，也沒有刑期，因此大都關得很不甘願，一有機會便想脫逃。流氓脫逃是不判刑的，但卻會影響官兵的前途，因此他們信不過你們。而保安隊員普遍心理較爲平衡，因爲這裏本來就是他們的執行的場所，何況表現良好的話，還可以抵消刑期。因此他們大都力求表現，而官兵也比較信任他們。所以這裏的衛兵多由保安隊員擔任。』

我知道阿鐵的好意，但還是覺得很煩：『好了！好了！我一定會表現得比你還要好。』阿鐵聽完，忽然怔住：『咦？你是這麼好勸的人嗎？這麼好勸的人是你嗎？你到底想幹什麼？』『我想脫逃！』阿鐵用張開的巨口懷疑自己的耳朵，伸出衛兵棍不斷在我的背脊戳著。『我想脫逃！』我繼續說：『你可以不幫我。』阿鐵緩緩收回衛兵棍：『那你爲什麼要告訴我？我十

一歲就開始脫逃了，從孤兒院逃到感化院，從少年監獄逃到成人監獄，我總共逃了七次，逃來逃去，如今終於逃到這裏。』

歹手

從醫務室回來的路上，阿鐵先是比手劃腳，然後改用口訣，教我如何在戴著腳鐐的情形下，穿脫長褲：『先把右褲管連腰拉出右腳環，再從右腳環的左邊拉回來，這便解決了右腳。然後把右褲管伸入左腳環的右邊，這樣，就能同時把兩個褲管從左腳環一起拉出。至於穿褲子，便需逆向思考，記得剛認識你時，你說寫詩要「逆向思考」，我想道理是一樣的，但做起來很難。晚餐之前，你就得通過這個考驗，到時，我會找機會接近你，希望你不必讓我動手。有許多人因爲學不會穿褲子，半個月了，還沒洗過澡呢！』

回到隊部時，全員正準備用餐，我看看天空，太陽已端坐中天。忽然間，一陣軍歌響起：『我愛中華，我愛中華……』，隊員們一個一個手抱小板凳繞行操場，兩腳隨口令上下準確地踏步，腳鐐聲響在雲霄。二十幾『桌』飯菜，拌著風沙擺在地上。阿鐵一溜煙隱入中山室，很快拿出我的小板凳，遙指我的座位說：『趕快！慢了，什麼也沒得吃。』六個大男人，三碟小菜，吃起來得講究學問。我用右手握碗，左手拿筷，還沒開始夾菜，對面一個年長的隊友已經開口了：『兄弟！左手拿碗，右手夾菜，才是正途。我們被冠上的罪名只是流氓，千萬不要被

打成「左派思想」。』我本以為有人我碴，抬頭一看，原來是那個年長者。我為了他，後腦才剛挨了兩下。『他應該是好意的吧！』心裏這樣想，兩手也跟著變換了姿勢。只是不知用左手夾菜和『左派思想』有什麼關聯？

說起左手，我已忘了自己小時候是不是『左撇子』，只記得祖母經常指著我的左手，說是『歹手』，老師也一再向我強調用右手寫字的重要。然而，在緊張或危急的時刻，我總會不自覺地伸出我的『歹手』。

唸小學開始，我就常和別的孩子打架。由於打架在礦區算是很平常的事，加上我長得比同齡的孩子高大，也多了幾分力氣，因此打起架來通常不必用到左手。然而，即使我不用左手，每次打架回來，還是會被母親痛打一頓，因為我對手的母親已先一步來告過狀了。母親打我的時候，我通常都是跪著的。據她後來回憶，我狡詐的跪姿常令她不忍繼續打下去，但又不得不打，因為別人的小孩畢竟已吃了虧。於是她便以邊打邊罵的方式，提醒我對手的母親，她的小孩年紀比我大的事實：『我告訴你不能打架，你偏不聽。你這個死囝仔！人家年紀比你大，你也敢跟人家打。現在，人家登門來投訴了，你叫我怎能不打？怎能不打？』母親每次罵到這裏，我對手的母親一聽，總會倖倖地離去，等改天遇見母親再找機會反唇相譏：『阿款仔，妳

兒子都用什麼養的？一個個長得像日本兵，尤其妳那個建隆仔，看起來就像一隻「相拍雞仔」，到底用什麼養的？』而母親總是淡淡地回答：『嘸啊？哪有，飯若吃得飽就很好了。』

我第一次用左手與人打鬥，不是爲了自己，而是爲了哥哥。那時我小學五年級，哥哥大我兩歲，畢業後在田寮港邊的水餃攤替人挑水，論擔計錢。一日，天下著微雨，我放下濕淋淋的書包，爸媽還沒有下工，弟妹們在泥炭地板上玩著遊戲。我想這個時候，哥哥應該會偷偷帶幾個水餃回來讓我們吃，然後再回去挑水吧！我站在屋簷下，朝牛車路口巴望著。果然，哥哥的身影在遠處出現，但我立刻發覺他不是用走的，而是像跑百米一樣，朝家的方向衝過來。我再仔細一看，哥哥在奔跑時，兩手竟是抱著頭的，而更令我震驚的是，他背後竟然有人追著。我立刻知道發生了什麼事，轉身鑽入廚房，從灶坑底下抓起一塊硬如黑金的煤炭。不到一眨眼功夫，我已站在雨中，將那人擋在我家門前的牛車路。我記得當時牛車路旁的輕便車鐵軌，正好有一輛煤車呼嘯而過，車上用木棍煞車的手軋軋地怒吼著：『幹！囝仔！不要打架！』好笑的是，那追打我哥哥的人，看我堅定地站在雨中，竟顯得手足無措。自小累積的打鬥經驗告訴我：『攻擊是最佳的防禦！』我不由分說地衝上去，沒想到那人竟嚇得彎下頭來。我一擊中的。看著腳下染紅的雨滴，看著手中的煤塊，再看看握著煤塊的手，我驚覺自己用的是『左

手』。那人比哥哥大三歲，身高一八五，是村裏最高大的青年。

我第二次用左手傷人，應該說是殺人，是爲了自己，但也牽扯進我的三弟。那年我廿二歲，但經營賭場已有四年。記得當時我的三弟、阿丁的弟弟阿樂，甚至還有一些出道比我早的『兄弟』，都常受僱於我的賭場，做一些計帳和接送賭客的工作，一日所得三千，外加『吃紅』，在當時是很高的報酬。或許因爲『少年得志』吧！遇到無故找碴的情形也就多了些。

出事那晚，我在廟口一家餐廳招待台北來的朋友飲酒。飲畢，我送走他們，然後和阿景漫步走向田寮港邊，準備搭車回住宿的飯店。當我走到離港邊半座橋的距離，橋頭兩側忽然閃出三把明晃晃的武士刀。當時我很鎮定，因爲我知道阿景身上隨時帶著傢伙。我向他伸伸手，要了一把獵刀。在那個年代，台灣的『兄弟』界還不時興使用槍枝，頂多只是傳統『浪人』的武士刀而已，而武士刀的語言我相當熟悉，我的左腕、虎口、右腿和頭部的刀痕，都是與它對話的心得。我決定先發制人，利用主動的攻擊，造成對方的遲疑，再於瞬間鎖定對方的主攻手。果然，左右兩把武士刀怔住了，我逼進中間那把，近身搏鬥時，我發現三弟不知何時已和那把武士刀糾纏在一起，旁邊是阿樂和其他的兄弟。就在此時，我的後腦忽然挨了一刀，但我很快分辨出那是刀背朝下的『反刀』。我舉起獵刀，天空飄落紅色的雨。事後，我瞄一眼握刀的

手，又是祖母口中的『歹手』。

中餐結束，我們還是用腳踩著『中華』。繞行操場時，我還在想：『用左手夾菜到底跟「左派思想」有什麼關聯？會不會是具有「左派思想」的人都用左手夾菜？難道這是他們彼此辨別身分的一種暗號？小時候看過許多間諜漫畫，都是這麼寫的，那些間諜都用暗號的。問題是，什麼是「左派思想」？』我怎麼想也想不通，因此也就不再想它了。不過，為了不被冠上比『流氓』更糟糕的罪名，我提醒自己今後還是少用左手夾菜為妙。在操場上繞了兩圈半，我忽然看見那五個脫逃的猶翻滾在四十五度的斜坡。每一副腳鐐都是長方形的厚鐵板，底下沒有腳鐐布，夾著有皮無肉的腳骨踝，衛兵棍在後頭趕著。

脫褲口訣

午休時，我大概只花一秒鐘便睡去，根本來不及觀察新收隊寢室的格局，只覺底下的草蓆似乎裏不住我的背脊。我是在『起床』的口令響起前就睜眼的，一醒來便聽見左右兩邊隊友的挖苦：『為了服侍你，我們都是側著睡的！』我還來不及答腔，『起床』的口令已在耳邊響起。我一骨碌翻落地面，正要找鞋，睡在我下鋪，看起來有點邪門的兩個傢伙，一人一腳把工作鞋踢還給我，其中一個說：『以後別再那麼好睡，否則找不到鞋。』原來上下左右都在妒忌我的『好睡』。我含著笑把工作鞋穿好，學他們用右手拉起垂落腰帶的麻繩，以緊綳的步伐壓低腳鐐的聲響，特別是通過中山室的時候。為什麼要如此走法？一說是怕打擾牆上的國父和蔣公；另有一說是因為隔壁睡著晝飲歸來的隊長。

下午的操練，仍如中餐前的蛙跳、伏地挺身、仰臥起坐，然後像孫悟空翻筋斗，再如百步蛇『蛇』上陡峭的斜坡。這些可笑而又累人的動作，一開始令我感到十分厭煩。特別是有一個斜眼的衛兵，從頭到尾一直用衛兵棍盯著我，我懷疑他的衛兵棍也是斜眼的。但不久我便意識到，這不是一般的軍事訓練。它似乎企圖在最短期間內，蓄積我們足夠的體能，好儘快投入每

日十二小時的『強制工作』。想到這裏，我的精神一下抖擻了起來：『對！我必須好好鍛練自己，不練成「金剛不壞」之身，到時如何應付亂槍掃射的場面？』我解開打結的眉頭，將肌肉和心情一起放鬆，心甘情願地準備接受折磨。

我將速度不斷加快，跟在後面斜眼的衛兵棍反而慢了下來。我立刻察覺到其中的吊詭，同時也想起阿鐵中午時提醒我的話：『要脫逃，就得好好鍛練身子。待會吃過飯，你有半小時好睡，醒來便得接受魔鬼訓練。你知道脫逃要經過幾道關卡嗎？晚上較難，要先鋸斷鐵窗，白天省事，但也要突破衛兵的防線，然後要越過三、四層樓高的鐵絲網，最後還要一鼓作氣衝過正規軍的槍林彈雨。所以說，要努力鍛練身體，但不要太刻意，以免引人起疑。』我將速度不著痕跡地放慢，在隊伍中一直維持中前段的步伐，果然，背後的衛兵棍又斜著眼跟了上來。我眨眨眼，發現西山稜線上的雲，像一尾白帶魚，追著夕日的餘光索餌，地面的春風才剛吹起。

收操了，我用左手，然後改用右手拉緊腳鐐。望著陡坡上脫逃隊員仍在攀爬的身影，我想起攔水壩前不斷跳躍，不斷跌落的鮭魚。不久的將來，我也會和他們一樣，來不及返抵生命的原鄉，便被攔在那裏，然後翻躍著魚肚白死去嗎？

隨隊伍回到寢室，我這才有機會看清楚，上下舖一百六十個床位，鎖在棺木狀的營房，每

一扇鐵窗都是鬼魂的呼吸孔。我跳上自己的『靈位』，還來不及收回魂魄，『洗澡』的口令已經下達了。我按照阿鐵教我的口訣，輕鬆又故作不輕鬆地把長褲褪出腳鐐。當我利用『提早交卷』的時間研究待會兒如何穿回長褲時，阿鐵已站在我的下鋪。他兩手叉腰，滿口髒話，不斷找下鋪隊員的碴，兩眼卻不斷往上瞧。我用ＯＫ的眼色告訴他：『沒問題！』他才漫步走向寢室的鐵柵門。

第一天洗的是不出所料的『戰鬥澡』，三分鐘，三盆水。這水聽說是天然的冷泉，由於當初是隊員發現的，官士們覺得晦氣，自己不洗，就命隊員將周圍的泥土掘深，再用土磚砌成浴池，供隊員集體洗浴。我將肥皂浸入第一盆水，用兩手不停揉搓，一分鐘後，把整盆泡沫像澆花一樣倒滿全身。第二分鐘，我用兩盆水沖掉身上的泡沫。洗畢，我還有卅秒。

我用眼角餘光，像蝸牛用牠的觸鬚，探測每一位隊友身上的刺青。矯正隊員不是龍鳳鷹麟，便是虎豹獅象，刺工雖多講究，圖案也瀟灑陽剛，但因爲彼此重疊得厲害，看起來也就顯得呆板。再看保安隊員，或許因爲不受江湖『兄弟』意識約束的緣故，身上的圖案便呈現自由多姿的樣式。人物方面，有東方絕美的仕女，如西施、貴妃；西洋卡通人物，如大力水手；甚至有自嘲的畫像，如某隊員在脊樑上刺著一個攀椽大盜，大盜右肩還懸著一袋金銀珠寶，背景

是一扇鐵窗。動物方面，大到游龍陸象，小至蒼蠅蚊子都有人刺。我還看到一些蜈蚣、蜘蛛、蟾蜍的工筆。至於花鳥，前者不外牡丹、玫瑰、海棠等大紅花卉，無甚特別；後者可就令人眼花撩亂，從蒼鷹攫兔到麻雀啄米，可說變化多端。還有一些絕非本人所願，判斷是初出道時在獄中被設計的畫面，包括蟑螂、蝙蝠，甚至有冒著輕煙令人掩鼻的穢物。

回到二尺寬六尺長的上鋪，我從床尾壁上的內務櫃取出長褲，開始『倒背』阿鐵的『脫褲口訣』，努力嘗試將褲子經由腳鐐穿回身上。『詩的逆向思考！』到底是我告訴阿鐵的，還是阿鐵告訴我的？我試著把鐵窗外『天上的星星』逆想成『天下的星星』，再將倒立於鐵柵門邊的脫逃隊員看成用兩手舉起地球的人。反覆推敲兩、三個來回，我終於完成穿褲子的艱鉅工作，並暗暗記下它的訣竅。環顧周遭，我發現同梯次的隊友，尤其和我一樣『初訓』的，都還提著長褲繼續和腳鐐計較。我很想過去一一告訴他們訣竅，但阿鐵已在下鋪走廊上高聲喊著：『穿好的坐在床位不要動！沒穿好的繼續穿！三分鐘後，拿著小板凳在寢室走廊集合！』

我很快跳到地面，從下鋪床底摸出我的小板凳。摸小板凳時，我的左手碰到一隻右手。我聽見那右手輕聲地說：『你又用左手了，我告訴過你，這管訓隊關的不只是流氓和小偷而已，它還關「左派思想」犯呢！想當年我在小琉球就曾和一些思想犯一起管訓。表面上他們和我們

一樣，是流氓矯正隊員，但誰都知道他們是「左派思想」犯。』我用左眼瞄一下那右手，立刻認出是午餐時勸我不要用左手夾菜的長者。我改用右手握板凳，用左手摸著鼻子偷偷問他：『什麼是「左派思想」？』我左手邊的右手怔住了：『我也不知道，反正你少用左手就對了！記得我第一次管訓時，有一個隊友，也是你們基隆人，不知從哪裏聽來「左派思想」，然後很快就忘了自己是流氓。他不但從此改用左手，連和隊友打鬧時，踢人都改用左腳，而且還天天嚷著自己是「左派思想」的。結果三年結訓後，一走出管訓隊大門，就被警備總部逮捕，再送回來管訓。總之，你要知道，這裏是「刑期無期」的。除了有可能走到門口又被抓回來，也有可能在結訓當天被法院拘去執刑。我還聽過有隊員假釋後，走到監獄門口，又被押回來管訓的。』我的左手聽得一愣一愣的，不覺想起自己的本刑，『我有一條殺人未遂，判刑五年，法院會不會在管訓期間來抓人？』那右手糾正我的左手：『這叫借提，借提當然愈早愈好，免得在這裏白關。至於假釋後是否還送回來管訓，就要看你的造化了。』

集合後，一邊唱著軍歌，一邊踩著步伐，一百六十副腳鐐在室內齊響的震撼，蓋過雄壯的歌聲。歌畢，一聲口令『坐下』！我發現許多人還沒穿好褲子，不斷謙沖地向周遭的隊友請益。就在此時，值星班長，也是『衛兵』幹的，高聲宣佈：『林建隆出列！』我一聽，當場傻

住，不過隨即起身，用右手拉著腳鐐走向前去。我邊走，那傢伙邊說：『林建隆一到總隊部，就被指派製作青年節壁報，可見一定比我們多認識幾個字，現在就請他帶領我們背誦「領袖遺訓」。』我知道這是阿鐵在幕後運作的結果，也明白扮演稱職的小老師和『鍛練身體』一樣重要。

相拍雞仔

清晨五點，便聽見起床號。由於昨晚九點就上床，上床就睡著，醒來時精神特別好。我翻落地面，伸出右手往下舖床底撈，左邊那隻右手的聲音又起：『對！要用右手，我看你已經不緊張了，很上道！昨晚，我聽你唸書，也跟著唸，講解時也專心聽，雖說不是很懂，但聽你講書，感覺很舒服。我覺得你應該去當「老師」才對，怎會淪落到這裏來呢？』撈出臉盆，我望著躺在盆裏整齊的盥洗用具，心裏一陣哀戚。

小學一年級，我便當上『小老師』，二年級卻開啓了我打架的歷史。民國五十四年，我們的礦區才開辦小學。所以，前兩年我必須和其他小朋友一樣，從家門口的牛車路，或輕便車的鐵軌出發，繞過肥料會社，小心謹慎地走過山東人的社區，再跨越田寮港，爬到北山去上學。每天，我都必須來回那個山東人社區兩次。關於那個山東人社區，我是第一天上學就聽說的。他們的大人長得高大慓悍，看起來不輸我們礦區的大人。他們當中有許多是軍人，也有許多是拉三輪車的，愛吃饅頭、大蒜。和我們礦區的大人一樣，他們也喜歡喝辛辣的米酒。可能是因爲言語無法溝通，和一些我無法了解的原因，他們經常和我們礦區的大人打架。他們的小孩一

個個長得粗壯，一年有三季光著上身在田寮港邊遊戲，偶爾躍入水中，從這岸游到那岸。他們不只體格和我們相當，粗野的舉止也不下於我們。

第一天上學，我就開始害怕會遭受他們的欺侮。我的恐懼，其實是哥哥和其他較大的小孩渲染給我的。他們總是不時地提醒我：『經過山東仔巷，一定要小心！如果他們有兩個人以上向你走來，你要趕快跑！如果只有一個的話，就跟他打。打完以後，要趕快跑回我們的礦區，千萬不要被他們的人追著。』我每天都戰戰兢兢走過那個山東人的巷口。雖然一年級就被老師指定擔任班上的小老師，然而，我隨時都有和那些山東小孩動拳頭的準備。

我那種既是好學生，又得隨時準備打架的矛盾心理，到了二年級上學期終於不幸落實了。一年級，我因爲害怕被山東小孩打，所以無論上學或放學都和哥哥同行。升上二年級，由於和哥哥的作息逐漸有些差異，比如他有時必須擔任值日生，或在放學後被指定留下來打掃，因此，三不五時我就得獨自走過那個可怕的巷口。一個十月的黃昏，放學後，我和大我一個年級的阿炳結伴回家。阿炳的身材很像他爸爸，長得精悍結實，活像一隻豹子。小學二年級便推著煤車跑，打起架來也是一副『相拍雞仔』的模樣。我還沒入學就和他較量過，覺得他是個可敬的對手。那天，我們沿著北山而下，穿過田寮港，遠遠便看見山東巷巷口，幾個粗壯的男孩等

在那兒。他們光著上身，和我們一樣打赤腳，沒有喧鬧，沒有追逐，他們就等在那兒。

我知道打架的時刻來臨了。我因爲沒有和礦區以外的小孩打架的經驗，感覺心臟噗噗地跳著。我問阿炳：『怎麼辦？』阿炳說：『不要緊！幹！上次那個胖子，和我比賽潛水，輸了不認輸，還用山東話罵我，被我狠狠修理了一頓，他就邊哭邊說要找他哥哥來打我。看！就是那胖子，站在他右邊最高的那個就是他哥哥，五年級的，我和他打過，好看頭而已！』不過，我還是感到害怕：『但他們有五個人呢！』阿炳邊說邊撿拾路邊的石塊和磚頭，然後停下來對我說：『這個鵝卵石給你，我用這塊磚頭。我爸爸說過，遇到對方人多時，要專打帶頭那個。只要我們打贏他，其他小孩就會嚇得立刻散去。你打架也不輸我，我們兩個打他哥哥一個，打贏就贏了。我爸爸還說，人少一定要先動手，對方才會感到害怕。』說完，阿炳果眞揚起磚頭，像豹子張開利爪，一陣風撲向前去。我因爲怕他吃虧，顧不了自己已是第二年『小老師』的身分，也握著鵝卵石緊追在後。畢竟阿炳和我都是邊學走路邊推煤車長大的，一般的孩子如何打得過我們？果眞那胖子的哥哥被我們兩下子撂倒在地，其餘的孩子見狀，立刻一哄而散，只剩胖子在一旁哭著。我丟掉石頭，牽起胖子，拍掉他身上的塵垢，也不知該講什麼，我回頭對阿炳說：『走！回去吧！』

從那以後，我再也不等哥哥一起放學了。在班上我是『小老師』，但經過山東小孩的巷口，我立刻擺出一副『相拍雞仔』的樣子。遇到對方人多我就閃，碰到落單的，我就K他。小學一年級的恐懼，至此煙消雲散。這樣的『雙重性格』，一直到三年級，我們的礦區設校了，也還維持著。我繼續當我的『小老師』，繼續打我的架。升上國中，我性格中的雙重性失衡了，『小老師』的形象逐漸褪去，小流氓的息氣與日俱增。

我一手抱著臉盆，一手拉著腳鐐，跟著那位年長者向前走了兩步。忽然間，眼前出現一具吊著的『屍體』，我嚇了一跳！前面的年長者立刻低著頭說：『別緊張！那是逃脫隊員睡覺的方式。』我用臉盆的前緣在他背脊戳了一下，好奇地問：『像這樣吊著睡，要睡幾天哪？』一直等到出了中山室，他才在轉角處低聲地回答：『七天！』他在回答時，兩邊顴骨一上一下的，牙根咬得厲害，彷彿在回憶那種『睡覺』的滋味。『你那樣睡過嗎？』我故意試探他，這次他回答的是：『噓！』

洗臉刷牙是卅秒，半盆水，從沾牙膏開始起算。我心想：『這算什麼折磨？我從小就過慣了全家十幾口共用一條毛巾，半把牙刷，沒有牙膏，只有鹽巴的日子。卅秒對我來說夠了！』於是，我用十秒鐘刷牙，五秒鐘漱口，洗完臉，還剩五秒。沒想到站在一旁負責計時的中尉小

隊長忽然拉大嗓門：『林建隆！明天起你洗臉刷牙的時間只剩廿五秒。人家嫌半分鐘不夠，你老兄竟然還有五秒鐘好剩。』說完，整個偌大的浴室，一百五十五個隊員，連同早班的衛兵一起哄堂大笑。小隊長立刻擺起臉譜，環顧四周：『笑什麼笑？誰叫你們笑的？聽口令！全體成一縱隊，將臉盆放在頭上，一個一個蛙跳回寢室，起步——跳！』整個山谷立時響起一百多副腳鐐的合鳴，以及不銹鋼臉盆裏牙刷、牙膏和鋼杯的協奏。原本能見度不及五米的濃霧，似乎被清晨這一陣喧鬧，嚇得退回山巔。望著迅速撤離的濃霧，再回想方才的能見度，我忽然推斷出半夜三點左右能見度應會降到三米以內。我想那應該是脫逃的最佳時段，何況到了晚春，霧還會更濃。我暗暗告訴自己，從今晚開始就要調整生理時鐘。

跳回寢室，我才弄清楚，原來那五個脫逃的，是手腳各被一條麻繩綁住，垂吊在四根床柱。綁住兩手的麻繩較短，綁住兩腳的較長，因此睡覺時是面朝下，凌空呈四十五度起飛狀。現在，他們已被一一鬆綁，也算是起床了。戴著十二公斤的長方鐵板腳鐐，他們一個個橫著跳出寢室，手裏沒有任何盥洗用具，眞不知他們是怎麼洗的。

把臉盆裏的東西按規矩擺好：東邊是肥皂，西邊是摺成豆干的毛巾，南邊立著鋼杯，北邊躺著牙刷。將臉盆復位，我看看是天晴，知道必須在操場舉行早點名。我們魚貫走出寢室，經

過中山室時，大夥兒已習慣不發出腳鐐的響聲。我用右手拉著腳鐐，心想下一刻我即將動如狡兔，而此時我卻靜若處子。生命就像拒絕圓滿，自我拉扯成兩端的橡皮筋，而活著彷彿是要探測韌性的極限。我很想知道那五個脫逃的此刻是怎樣盥洗的，更想知道昨夜他們是如何睡去的。

來到操場，我們在三秒鐘內完成『集合』，全員戴著腳鐐，轉眼間整編成『鋼鐵』的陣容。從每一個純熟自信的軍事動作，我發現隊伍中的每一位其實都是精兵。聽說民國四十年初的東沙群島戰役，政府就是利用台灣的『流氓兵』瓦解中國的人海戰術。我以為早點名之後仍會像昨夜晚自習一樣，由我帶領全隊背誦『領袖遺訓』，沒想到出列的是一位即將從新收隊結訓的保安隊員。我一句一句認真地跟著唸，心想：『既然昨夜指定我擔任「小老師」，就是要我接替眼前這個傢伙。我必須更加謹慎，接棒之後，脫逃的機率才會更高一些。』

早點名完畢，我們先繞著操場晨跑，然後展開嚴酷的操練，一直操到饑腸轆轆，才開始用早餐。早餐是一碗豆漿，一個饅頭，一盤六人份的花豆，每人可得兩顆。此時濃霧已退，一早的春風帶來微濕的沙礫。我跟著大夥兒胡亂吞下所有能吞的東西。我邊吞邊說：『很想再吃一、兩個饅頭！』對面那個年長者一聽：『我很想把我的饅頭讓給你吃，但問題是不能再吃

了，否則等一下操起來，你會嘔吐不止。』我聽了，似有所悟。原來活著不只要探觸生死兩端，也要品味饑飽之間的妙處。

晨間的操法和昨日下午差不多，只是時間較長，份量較重。很感激那位年長者的點播，我只吃一個饅頭，一碗豆漿，但六個鐘頭操下來，已有幾次想吐。忍住最後一次想吐的感覺，原本不動的太陽，已近正午。我想到中餐，想到中餐後半小時的午睡。我在『地獄』裏，興奮地發現生命仍是充滿誘惑的。

午餐時，我有『打衝鋒』的念頭。所謂『打衝鋒』，就是公然衝向鐵絲網或管訓隊大門，即使明知死路一條，也所在不惜。我在管訓之前，就聽過『打衝鋒』的故事。主角也是基隆人，比我大兩紀年。故事是按傳統『義賊』的模式敘述的，也就是說，他不只是個劫富濟貧的神偷，飛岩走壁，無所不能，而且事母至孝，對朋友更是忠肝義膽。就在他行劫濁水溪南北，造成富人人心惶惶之際，過去在他入獄時，曾代他照顧母親的一位警界好友，適時出面勸降，於是，他二話不說，自縛雙手去見他的好友。那位好友從此青雲直上，成了警界紅人。而他也安分守己在管訓隊一待就是五年，默默擔任總隊挑屎的工作。一日，他獲知母親過世的消息，企圖與他警界紅人的好友連繫，對方卻置之不理。他氣不過，於是決定『打衝鋒』。他利用晨

間五點以前施肥的機會，將肩上的兩擔屎從菜園迂迴挑近大門。門口的衛兵看他挑著兩擔屎迎面衝來，掩鼻躲避猶恐不及，那還顧得了去攔他。結果，他『成功』了。

我還聽過一個『成功』的故事，也算是『打衝鋒』，但不是用『衝』的。主角是桃園道上的聞人。他在小琉球管訓時，聞知昔日死黨被人槍殺慘死，於是決意逃亡。他脫逃的方式比前面提到那位神偷更有創意。就是利用某知名歌仔戲團赴小琉球『宣慰勞軍』的機會，事先攏絡某些團員，在表演結束後，替他化妝成女性演員之一，讓『她』得以公然隨團走出管訓隊大門，並登上駛返台灣的船隻。

午睡前，我一直津津回味那個『挑屎者』打衝鋒的故事，不斷嘖嘖稱奇那則『混出管訓隊』的傳說。然而，兩刻一覺夢醒，我的體力恢復了，想法也完全改觀。我不可能去『挑屎』，也沒有機會『男扮女裝』。我瞄一眼鐵窗，想起窗外早晨的『霧』，想起阿鐵，此刻他在哪裏？我急切地想告訴他，在工地『打衝鋒』是愚蠢的，那裏不但有衛兵、鐵絲網，還有軍犬、正規軍和自動步槍。我要告訴他，最聰明的逃法是遁入霧中，而時間是早晨三點。我可以等，一直等到晚春，但我需要一截鋼鋸。

推巨石的薛西弗斯

等了兩個星期，還不見阿鐵。這時，我已通過第一階段的魔鬼訓練，隨時都有可能被派到工地。『上工』是不預先告知的，說來就來。第三週的第一天，早餐後，我們照常整隊，原本以為又要開始一日的折磨，沒想到中尉值星官卻將我們帶到一間庫房，門外幾位正規軍，早已荷槍實彈等在那兒。值星官命衛兵打開房門，我往裏一看，全是工具——扁擔、畚箕、圓鍬、十字鎬，還有搗土的木樁，我知道要『上工』了。

前往『工地』，要從隊部門前陡斜的柏油路左轉，再一路往上爬。我們扛著工具，先以整齊的步伐繞行操場三圈，讓震天的腳鐐聲鼓舞我們的士氣，然後才走出隊部。柏油路上那五個脫逃的，因需讓路給『上工』的隊伍，所以幸運獲得短暫的休息。他們在路旁就地打坐，光著頭，閉著眼，一身黑衣，像極了入定的老僧。經過他們面前，我特別用斜眼注視他們的腳鐐。一片長方形的厚鐵板像一面『禁止通行』的交通號誌。每個號誌前面都有一雙巴掌，不停地拍著。我發現他們的腳踝都已潰爛，一個個拇指大的濃瘡，躺著蒼蠅的死屍。

爬上柏油路，眼前出現一處台地。台地右邊是斜坡，坡底一片巨大的操場。台地左邊有好

幾棟建築物。第一棟是醫務室兼福利社。醫務室我是第一天就來過的，和阿鐵。對了！阿鐵呢？他明明在新收隊當衛兵，怎會突然消失了呢？至於福利社，除了正規軍和由隊員擔任的衛兵、傳令以外，一般隊員是不能來的。走過第二和第三棟不知做什麼用的建築物，眼前是一片荒涼，除了左邊數層樓高的鐵絲網，和不開花，只等待割人的芒草，聞不到任何人的味道。再往前行約五分鐘，我們來到台地的盡頭。從這裏向後望，我發覺整個台地竟是用人工鏟平的。

台地的盡頭是一座山坡，山坡上的鐵絲網網住朵朵鉛灰的雲。值星官一聲令下：『開工！』前面高約五十米的山坡就是工地了。我被分在扁擔畚箕組，必須跟著圓鍬、十字鎬，往上爬。到了坡頂，我發現鐵絲網前面早已五步一哨站著衛兵，人手一根衛兵棍。而鐵絲網外面更是三步一崗，佈滿全副武裝的正規軍。更遠處有狼犬的吠聲。

我們的工作是，先用十字鎬掘土，再用圓鍬把土鏟入畚箕，然後用扁擔挑到山下卸土。山下有一組十幾個隊員，每人分配一根木樁，負責將卸下的土石，像攪米一樣地攪實。我覺得這樣的工作，對從小在礦區長大的我來說，並不是什麼難事。

我一擔一擔的挑，每次下坡都有機會居高臨下，瀏覽整個管訓隊的地形。除了方才走過的台地，我發現我的左手邊，山坡下也有一個台地，台地下方也有一條柏油路，同樣的陡峭，左

轉是另一個隊部。再看正前方，還有兩個隊部，相似的建築，兩邊各有相似的台地。四個隊部都有群山環抱，就連這個號稱『工地』的山坡，後面也有大山屏障。我邊挑邊看，很快發現新收隊右側台地的盡頭，也有一座像這樣的山坡。和周圍群山對照，這兩座山坡，和那四處台地一樣，根本就是人工的產物。

遙望群山整體的形狀，圍起來就像一個馬蹄。蹄口座落著兩棟相當於兩個隊部的建築物，想必就是官兵們口中的『大隊部』。聽說三個工作隊每週都要到那兒參加週會，而新收隊則是每個月才去一次。兩棟建築物中間有一扇大門，半個月前我應該就是從那扇大門被載進來的。記得當初進門以前，在黑布覆蓋的囚車中，可以感覺車子不斷在爬坡。但進門後卻走過一段長而平坦的路，然後右轉上山，不久便到達新收隊隊部。

馬蹄中央的巨大操場，縱橫交錯地劃著白線，乍看簡直就像一座棋盤。棋盤上楚河漢界佈著巨石。操場兩端司令台上各坐一人，麥克風傳出的指令，響徹山谷。再細看！操場中央立著五個渺小的身影，一聽指令，立刻弓下身來，扛起巨石，走向指定的位置。操場兩邊還有觀棋的人，以『稍息』的立姿，五步一哨圍著棋盤。

挑了六小時的土，終於換得一頓中餐。回隊部的路上，我遠遠看見幾輛運送飯菜的手推

車，從上午行經的第二棟建築物出來。第一輛推著飯桶，走起路來十分笨拙，我在心裏嘲諷著：『飯桶掛車輪』。行經第二棟建築物時，我暗暗告誡自己：『還未摸清整個管訓隊底細之前，千萬不能貿然採取行動！』

中餐還是一樣的中餐，兩個禮拜過去了，春風依舊挾著秋天才有的風沙。菜類仍是蕃薯葉交替著空心菜。我愛吃的A菜、蘿蔔、高麗菜，聽說要等離開新收隊，才有可能碰到。至於『菠菜』則是管訓隊的禁忌。瓜類不是冬瓜就是胡瓜。冬瓜用來煮湯，不能撈，撈起來會變成『絲瓜』，所以其實只有胡瓜。肉類是每餐都有的，指的是藏在湯裏和菜裏的『豬油脯仔』。還有魚，一律是帶著泥濘腥味的『吳郭』。這樣的菜色，複製一份便是晚餐。

午休之後，我們還是扛著工具，繞行操場，左轉爬上柏油路頂端。和中午下來時一樣，看不見那五個脫逃的。走上台地，我老遠便瞧見，幾名正規軍從第一棟建築物的福利社出來。一聽見我們帶隊值星官的吼聲：『幹什麼！』便拔腿狂奔，轉眼間已左轉隱入第三棟建築物。『原來那是正規軍的寢室！這麼說來，新收隊隊部左邊第一棟是醫務室和福利社，第二棟是伙房，第三棟是正規軍的寢室。』我在心底暗暗推斷：『那麼其他三個隊部的格局，應該也是大同小異。至於大隊部，是由兩棟建築物雙併而成，部署的兵力應是各隊部的兩倍。』

推著算著，部隊已來到『工地』。我上下打量眼前的山丘。一上午辛勤的工作，已將山坡斬斷了頭，再將頭搗碎，在山的脊椎接上一條黃色的尾巴。我原本以為下午的工作，只是按早上的方式重複操課，沒想到值星官吹起一聲長長的口哨，命部隊立正站好，然後鄭重宣佈：『打樁的到山上去，挖土和挑土的留在山下。聽到口令後，全員按上午相反的方式，將山坡下的泥土掘起，挑回山坡上去！』他略喘了口氣，環視周遭的衛兵棍，和鐵絲網外的步槍，然後大吼一聲：『開工！』

『開工』口令下達了，我還在懷疑自己的耳朵。記得國中二年級讀希臘神話，其中一則講到，有一個叫薛西弗斯的人，因得罪天神，被處以推石之刑。他必須將一顆巨石從山上滾下來，再從山下推上去。如此日夜以繼，重複同樣的動作。讀完這則神話，我感到非常的害怕。怕的不是那顆巨石，而是重複滾下推上的動作，我覺得那樣的生比死更可怕。後來，我不斷安慰自己：『那不過是一則神話而已』。但如今，那則神話卻應驗在我的身上。我想起過去的賭場生涯，無非是搞一場梭哈，把賺來的錢再拿去賭，賭輸了再回來搞一場梭哈。就像旋轉籠中的松鼠，不斷重複踏腳的動作。天神對『我』的懲罰，其實早已經開始了。

等到第五週，才見到阿鐵。那是在大隊部週會的時候。『週會』是對其他三個中隊而言，對新收隊來說，應該是『月會』。來到『地獄』一個月了，這是我第一次前往大隊部。晨起仍是五點，離『週會』時間還有一個半鐘頭。盥洗之後，由於先前帶我們唸『領袖遺訓』的隊員已經分發到工作隊，所以由我接替。唸完之後，我們在隊部前面的柏油路上，被操到只剩胃酸好吐，才得以吃飯。飯後整隊，由中隊長親自帶領，直奔大隊部操場。一路上，我邊跑邊受隊友的指責，左邊這個說：『你怎麼唸到「生活的目的」，忽然停頓下來呢？』右邊那個說：『「生命的意義」就照蔣介石說的那樣唸，有什麼好猶豫的呢？』我邊跑邊反駁：『可是我覺得……』我的話很快被打斷，『可是你覺得什麼？』一顆拳頭在我背梁上警告著：『等一下若有人問你，就說你覺得想打嗝，否則腳鐐是會戴到脖子上去的！』我聽得出是睡在我下舖那位『年長者』。我沒有回頭，邊跑仍邊感到困惑：『難道「生活的目的」和「生命的意義」，不必經過追尋和探索，都照蔣介石說的那樣，就定了嗎？』

大隊部操場，集合四個中隊隊員，仍顯得十分空曠。眞搞不懂，爲何需要這麼大的操場？

四隊中有三隊穿灰色工作服，不戴腳鐐。只有我們新收隊穿黑色工作服，全部戴腳鐐。大隊值星官由四個少校中隊長輪值，這次輪到我們中隊長。只見他挺著啤酒肚，不斷用右手調整斜掛胸前的紅色披肩，臉上的皺紋深得像刀疤，聲音卻十分洪亮。看來喉嚨是他唯一保養得宜的地方，而保養的方法大概就是日以繼夜對新收隊員的喝斥與怒吼吧！

大隊長致訓詞之前，一個穿灰色工作服的隊員走上司令台。他先將一杯茶置於講台右上方，再走到台前調整麥克風，然後試了兩、三次音。此時，大隊長已端起講台上的茶杯。我小時長期在暗淡的燈下讀書，早已有兩百度近視，因此看不出司令台上那個隊員是誰。然而一聽他試音，便立刻知道是阿鐵。阿鐵從新收隊消失已經很久了，此刻又怎會站在那裏？我心裡疑惑著，但有一點不必疑惑的是，他此時正扮演大隊長『傳令』的角色。我看過新收隊『傳令』服侍中隊長的樣子。我不後悔一見面便告訴阿鐵我要脫逃，也不懷疑他會出賣我。然而此刻，我不得不將他申請調離新收隊的動作解讀爲對我的疏遠。

聽不清楚大隊値星官的口令，只見三個灰色工作隊，一隊接著一隊，排成分列式，霎時踢起正步來，而我們腳鐐部隊也依樣畫起葫蘆，和他們不同的是，我們踢起來匡啷匡啷的，像要踢破每座山的耳膜。每一個動作都十分純熟，每一個表情都非常嚴肅。腳鐐的合聲直衝雲霄，

催促著前面的隊伍。我看著前進的分列式，每一橫列，通過司令台前，都認眞地舉手，向大隊長行正式『軍禮』，而台上的他也正經八百地一一回禮。我一邊跟著做動作，一邊在心裏竊笑：『他以爲他是誰？而我們又是誰？』通過司令台時，我自信我的動作毫無瑕疵，但通過後，卻像違規的車輛，被交通警察的指揮棒招到路邊。出列時，我發現已有十幾個違規的站在路邊。而負責取締的，阿鐵竟是其中之一。

阿鐵背著雙手向我走來，然後伸出左手指著我：『你踢正步沒什麼問題，可是你用右手敬禮的姿勢實在有點怪！』他用左手舉起我的右手，比一比敬禮的姿勢，我的右手登時多了一張字條。我瞄一眼半開半闔的手心，裏面有阿鐵獨特的筆調和字跡：『看完ㄏㄨㄢˊ我，第八週給「東西」。注意「ㄨˋ」和「身ㄊㄧˇ」。要ㄅㄤ你，保持距ㄌㄧˊ！』

我原本以爲阿鐵忽然從新收隊消失，是因爲知道我要脫逃，怕受到牽累，才設法疏遠我。如今終於恍然，他是以『請調』的迂迴方式在幫我。我暗暗譴責自己的小人之心。從阿鐵的字條，我不但讀出他要幫我的決心，也讀出他對我的信賴。首先，他一定相信我逃得出去，這是前提，沒有這個前提，一切免談。其次，他必然相信一旦讓我逃出去，我就有辦法很快弄到錢，然後買通遠洋船隻，偷渡到那個令他神往已久的國度。阿鐵曾不只一次告訴我，說他夢見

他母親和一個高大的黑人，一起出現在一條擠滿金髮碧眼白人的街道。然後他便一口咬定，他母親一定住在美國。阿鐵大概希望我到了美國，能幫他找到他的母親。我真的會這麼做，如果讓我逃出去的話。

記得四、五年前，我還未滿十八歲，就曾向阿鐵說過，爲了逃避管訓，必要時我會循某些基隆前輩的管道，利用遠洋船隻，先潛往中南美洲，再伺機轉往美國。我告訴他我聽過許多偷渡的浪漫故事，他問我什麼叫『浪漫』？我說大概是『冒險』的意思吧！首先，在我們礦區的月眉山下，就有一個比我大十幾歲的傢伙，當初也是爲了逃避管訓，才買通管道，潛入台灣人經營，掛的是巴拿馬國旗的貨輪，逃到中美洲去。他後來成功地轉往美國，並在華人社會混得相當不錯。前年還拿著美國護照大搖大擺地回到家鄉來呢！還有一個住在田寮港邊的傢伙，也是大我十幾歲，是個撞球高手。人長得斯斯文文的，不知怎的也被警備總部列入管訓的黑名單。據他的撞球好友說，他是直接潛往美國的，上岸後，一直在拉斯維加斯賭城，靠發牌和撞球討生活。幾年前，他公然回到臺灣，並曾出現在我的賭場。我在說這些故事時，阿鐵顯得非常興奮。他一再問我，有機會的話是否能讓他跟著，他相信他一定可以在美國找到他的母親。我說：『當然可以，如果逃到美國的話，你去尋你的母親，我去找我的人生，等我們都找到

了，再一起回台灣。』阿鐵問我：『你要找什麼「人生」？』我說：『自由的美國如果能讓我自由選擇做一件事，我不會選擇賺大錢，更不會選擇打什麼天下，我只想唸書，唸很多很多書，然後成爲一位詩人。我只想自由自在地寫詩、讀詩、教詩。這樣的人生在礦區，在賭場，在一滿十八歲就要抓我去管訓的台灣，是不可能找得到的。』

看著阿鐵字條上的『ㄨˋ』，我判斷到目前爲止，新收隊應該還沒有人利用過『它』。否則阿鐵會反過來勸我放棄『霧』才對。可見『霧』是一條可行的路。其實，自那天清晨，我發現能見度不及五米的霧，便開始調整生理時鐘。我規定自己半夜三點一定要醒來。管訓隊規定，隊員睡覺一律腳朝鐵窗，這樣反而方便我躺在床上瞇著眼觀察窗外的霧。起初我發現凌晨三點時，霧和鐵窗之間只有兩隻手臂的距離。更重要的是，在霧的籠罩下，完全看不見天地。三點以後，大約每隔半小時，便會增加一隻手臂，到了五點，起床號便會將霧吹到五米以外。一個月觀察下來，我的結論是，霧的身姿又往鐵窗挪近一隻手臂的距離。阿鐵說第八週以後才要給我鋼鋸，是否暗示屆時霧的纖纖玉手便會輕輕搔動我的足心呢？

回到隊部，中隊長卸下大隊值星官的紅色披肩，戴著同式披肩的中隊值星官立即奔上前去，向他敬禮，然後轉身宣佈：『部隊向右——轉！十秒鐘內，帶好工具，回原地集合。還

有，林建隆！立刻到中山室，向輔導長報到！』走到中山室門口，我回頭看見黑衣部隊已扛著工具向東而去。

『我問你，今天早上，你帶領部隊背誦《領袖遺訓》，爲什麼念到「生活的目的」和「生命的意義」就唸不下去了呢？』問我的是上尉輔導長。輔導長質問時，背後站著正副隊長，還有其他官士，全都好奇地等著我的答案。『我當時一直想打嗝……』中山室裏爆出一陣哄笑。輔導長揮揮手，接著又問：『當時還沒有用餐，你怎麼會「一直想打嗝」？』話落，室內一片沉寂。我說：『昨天晚餐不愼吃了菜裏的碎蒜頭，就一直打嗝到現在！』『你連那麼一點點蒜頭都不敢吃嗎？』『蔥、薑、蒜都不敢吃，一生下來就不敢吃。』『那你前世是出家人囉？』語畢，又是一陣爆笑，連正副隊長也彎下了腰。輔導長回頭看看他們，然後對我說：『好了！沒事了！』雖然『沒事了』，但還是被換上六公斤的腳鐐。我有一星期的時間，可以好好體驗『大企鵝』走路時神氣的樣子。

阿鐵的秘密

第六週的一個黃昏，夕陽已爲西山點好胭脂，我們才從工地回來。洗完『戰鬥澡』，我用右手拉著腳鐐，左手抱著臉盆，小心翼翼地走進中山室。一進門就看見阿鐵。他抱來一箱新採的香瓜，不是給我的，而是給新收隊的官士和衛兵。他現在是大隊部的傳令，身段自然和往日不同。正副隊長都來招呼，小隊長和隊副也來寒暄，衛兵們更將他團團圍住，賣力地敘著舊情。走過他身邊時，阿鐵忽然伸出右手擋住我，以找碴的口吻說：『聽說你表現不錯，啊？』兩旁的衛兵笑著附和：『對！前陣子還被釘了重鐐。』阿鐵臉色青了一陣，隨即改用嚴肅的口吻說：『就連大隊長也聽說過你，唸得一口好書，寫得一手好字，說不定新收隊一結訓，就會調到大隊部辦公。』左右的衛兵互看了一眼，立即改口：『對！看他唸起書來，一副讀書人的樣子。』但他們很快便又恢復嬉笑的表情，因爲阿鐵又開始『虧』我了：『聽說你不只吃飯、睡覺第一名，連洗澡也是冠軍。不過，既然洗完澡還有時間，就把臉盆裏的盥洗用具整理一下，不必等進了寢室再整理。你看你的肥皀盒！還積著水呢，大隊長可不用邋遢的隊員。』說著說著，他拿起肥皀盒，在手中翻來覆去。我知道肥皀底下已壓著一

張字條。

睡覺前，我將字條攤開、記熟，然後撕毀、吞掉。那是一張大隊（含四個中隊）內外的地形圖。內部的地形果眞和我一個半月來觀察的差不多。至於外部的地形，對我的幫助可就大了。我來時，軍用囚車兩邊車窗都蓋著黑布，前後座位也用簾幔隔著，因此對大部隊四周的山勢以及聯外道路一無所知。如今，不僅管訓隊內部，就連外部的地形也都了然於胸。再來，就是路線的擬定和工具的收集了。

逃亡的路線，我早已排除了工地。那裏雖說離鐵絲網最近，也省去鋸窗的痲煩，但光天化日之下，一採取行動便會驚動整個大隊內外。相較之下，若第八週過後，霧果眞在半夜三、四點時貼近我的足心，那麼只要鋸斷鐵窗，便可置身五里霧中。到時，就算被發現，大家都在霧裏，誰向誰開槍？躲貓貓的結果，難保不被我趁亂逃出。若不被察覺，我將有充裕的時間，再鋸斷鐵絲網，然後從容地隱入山中。我說『隱入山中』，因爲想當然耳從大隊部出入唯一的聯外道路，沿途必有正規軍駐守，絕非逃亡的正途。至於該隱入哪座山？阿鐵的地圖已有清楚的標示，是醫務室後面那座山。翻過那座山之後，我還有三座山好爬。最後我會到達某一條公路的某一個站牌，如果要聯絡阿丁他們來接應，地點應該就在這裏了。再看

其他的山，爲何阿鐵不做建議呢？我想那些山應該都有產業道路，而且山山相連，每一條路都佈著正規軍的崗哨。

脫逃的工具，除了鋼鋸，我不一定要完全仰仗阿鐵。每天上工、下工的路上，我都會斜眼細心觀察每一個地形。我發現醫務室後面那座山，是環抱整個大隊群山最矮的一座，而且她的左翼直接伸入醫務室的後院。如果將那座山的左翼斬除，那麼爲了躲避土石的崩塌，醫務室、伙房、正規軍營房，甚至新收隊隊部全都得往外移，連帶整個台地、柏油路和操場也都會受到排擠。何況像那樣的山勢，整個大隊周遭少說也有五、六處。在那樣突兀的地形，築起的鐵絲網勢必不能太高。我目測醫務室後山的鐵絲網，高度果然不足三米。要攀越那樣的高度，我判斷只需多穿幾雙襪子，套上橡膠底工作鞋，再戴兩副粗紗工作手套，應可順利過關。

到了第八週，隊上忽然發下來制式家書。所謂『制式家書』，就是信的內容全部由新收隊部代擬，隊員只能在信末簽名而已。大意是說在新收隊兩個月來身體健康，一切平安，請家人放心云云。雖然只是八股的幾行字，然而對所有隊員的家屬來說，卻是十分的寶貴。它代表的是『失蹤人口的尋獲』，『死而復生的喜悅』。所謂『管訓』，尤其是『流氓管訓』，

最可怕之處在於，它能讓一個人在未經起訴審判的情形下，忽然從地球上消失。不管親人多麼地焦急，如何地多方打探，答案頂多只是『管訓』兩字而已。至於在哪裏『管訓』？到底生還是死？未接到這封『制式家書』以前，便只能求神問卜。

在家書上簽名之後，我開始覺得忐忑不安。原本以為自己在這兩個月期間仍然活得好好的，如今，換個角度想，我才深切體會父母那種近乎『幽冥永隔』的心情。是誰讓我在一夜之間從父母面前消失？即使是在地獄，或者是在墳墓，也總該交待個去處。簽名之前，我恨透了管訓隊，恨透了警備總部，恨透了這個奇怪的政府。我覺得他們大可公開透過司法程序，多關我五年或十年，實在犯不著將我偷偷逮捕，秘密監禁在這個不是監獄的監獄。簽名之後，我緊盯著自己的名字，開始回憶它，質疑它，譴責它對父母的背棄。

我十六歲離家，開始流浪的生涯。在此之前，我從不認為自己的離去，是對父母的背離，反而覺得，那是哺乳類動物長大之後必然的行為。我父母生了十一胎，六男五女。長子早夭，另有兩個妹妹，一個從小賣到桃園，一個六歲時送給未婚的三叔撫養。這樣算來，還有八胎，連同父母，一共十口，三明治般擠在九坪的礦寮。我離家之前，大姊已經嫁了，但人口仍談不上舒緩，我們家通鋪只有四坪。於是父母想辦法將通鋪隔成三間，右邊那間最

大，睡著父母和兩個唸小學的弟弟，中間那間最小，住著在工廠上班的二姊和三姊，左邊這間不大不小，擠著哥哥、我和三弟三個粗壯的青少年。由於天性自私的緣故，我很少注意隔壁兩間到底是怎麼住的，只計較我們這間根本不能睡。

盛夏時沒有蚊帳，也沒有電扇，加上我的體質常溫，特別容易吸引蚊子，每晚都得和蚊蚋肉搏到天明。隆冬時更慘，三個兄弟，一件棉被，裹著窗外嗚咽的港風。每逢屋瓦雨漏，六隻大手爭扯著棉被，落荒而逃的總是攪局的貓兒。十六歲時，我體重七十公斤，哥哥八十公斤，三弟則介於我和哥哥之間。然而，三弟終究年少，每次寒夜醒來，總見他雙手扯著棉被，一臉的淚水。面對那樣的情景，我有時還會慶幸，好在最大的哥哥一歲多就已夭折，好在兩個妹妹都已送人撫養。最後，我甚至暗下決心：『我要離開這個家庭，不管流浪到哪裏，我一定要離開這個礦區。』我一心只想離去，我天眞地以爲，只要我離去，便能立即舒緩父母的壓力。我認爲父母養我十六年已經夠了。像一匹年輕的野狼，我只遙望草原的前端，從未想過要留下來幫助父母。

離家便不回家嗎？也不盡然。記得有一次在賭場贏了很多錢，當時百元券已是最大的鈔票。我試著將錢疊起來，竟到達我腰部的高度。贏錢之後，從我腦中閃過的不是揮霍的念

頭，而是母親那終年難得一笑的面容。我把大包小包的錢飛也似地扛回家中，從母親的腳底疊起，一直疊到她的胸前，希望搏取她的歡心，但母親卻含淚掉頭而去，一毛錢也不願接受。我想她大概以爲我已當上了強樑。我急著解釋，她還是說不敢花，也花不慣賭場贏來的錢。結果，那些錢我在隔日的賭局不消廿四小時便又輸得精光。之後，我繼續從一個賭場浪跡到另一個賭場。每想起父母，特別是想起母親的時候，我再也無法說服自己，我的離去是在舒解他們的壓力。我開始覺得我是在背棄他們。

寄出家書之後，整整七天七夜，滿腦子都是母親的音容形影。我希望她不要來，或者不要太早來！我籌謀已久的逃亡計畫，眼看就要實現了。然而，信已寄出去了，這信是不能不寄的。我計畫在第九週的星期一，趁銷假回來的官兵仍未收心時，在凌晨三點採取行動。可是，阿鐵答應我的『東西』怎麼還沒送來？他爲什麼說要等到第八週過後呢？

第八週就快過了。我預估拿到鋼鋸之後，只要花兩個晚上就能讓床尾的鐵窗像溶雪一樣慢慢地分解，讓鋸過的鐵柵看起來完好如初，等到行動時，卻禁不起我瞬間的搖撼。然而，左等右等，還是等不到阿鐵的踪影。我開始考慮將計畫展延到下個週末，那是待假官兵心情最浮躁的時候，也是不錯的選擇。希望阿鐵愈早將鋼鋸送來愈好。到時，我會用最細的功夫

把鐵窗鋸得像一張面具，然後等夜半的霧將它罩住時，便將它輕輕撕去。可惜，人算不如天算，一直到第八週的最後一天，也就是星期日下午，才等到消息，但等到的不是阿鐵送來的鋼鋸，而是母親面會的通知……

脫逃

專心聽完母親講述的故事，我不但對故事的眞實性不加懷疑，甚且還邊聽邊在記憶的銀幕上，重建幼時『失蹤』在黑暗的床底，最後靠自己爬出的每一個畫面。聆聽時，我是完全沉默的，我想只有徹底的沉默，才能讓自己重拾赤子之心，讓搖籃的歌聲溢滿全身。望著父母離去的身影，我赫然發現，原本長得一身肌肉，年輕時在礦坑炸斷左掌，仍能用右手抱著橫流的肚腸奪命而出的父親，還有常將自己比爲母牛，吃的草很少，卻十分耐磨的母親，如今，走在夕陽下，竟都已顯出老態。尤其是父親，過度萎縮的胸肌，已透露出礦工職業病『沙肺』的警訊。目送他們離去，我什麼話也沒說，只在心裏暗自許諾：『是的！爬得進，就爬得出，我會努力爬出去找你們的！』

回新收隊的路上，我一直在想，爲什麼阿鐵非要等到第八週之後才給我『東西』？他是不是早已算準了第八週的最後一天，母親會來和我面會？這個傢伙！這個從小到大一直在尋找母親的傢伙！他明明就是這個意思，我還以爲他是幫我算準了第九週是『霧』最濃的時候呢！

翌日，也就是第九週的星期一早晨，我終於在大隊週會時再見到阿鐵。一見面我便冷冷地

告訴他：『「東西」不必了！』他只是淡淡點個頭，問了一句：『你媽還好嗎？』我將頭偏向東山的太陽，『很好！』他也仰起頭不再說什麼，臉部的表情，和迅速游走於西天的白雲一樣，顯得詭異而多變。我感覺有點不安，便轉過頭來對他說：『過幾天，到隊上來找我吧！』他對著西山的雲朵點點頭。

後八週正式開始，新收隊的工作內容也有了一些變化。從大隊部回來，我們仍舊整隊，整隊後扛起工具，但走到柏油路時，我們聽到的口令並非『向左——轉』，而是『向右——轉』。隨中隊值星官走下柏油路，到了谷底，路又開始上升，直到看見台地。台地右邊是高高的鐵絲網，網上還勾著雪花也似的濃霧。左邊斜坡底下是大部隊操場的一隅，但在霧的籠罩下，看起來深不可測。『七點了，還有這樣的濃霧！』我心想：『要是阿鐵早幾天把「東西」送來，此刻的我，會在哪裏呢？』

到了『工地』，面對同樣『人工』的山丘，我以爲還是將泥土從山上挑下，再挑上去的老套，沒想到值星官要的竟是『愚公移山』的把戲，也就是把整座山往內移動五十公尺，再將它移回原地。我估計這個『工程』又要耗去我們八週的生命。儘管如此，和前八週相較，『愚公移山』反而顯得不那麼無聊。如此正面的感受，並非單純由於前後八週的差異，而是摻雜心情

變化的結果。首先，『愚公移山』動的土較爲全面，象徵著活動範圍的擴大。其次，通信和面會也已開放，意味著我已度過磨難歲月的高峯。更重要的是，我已決定遵照母親的暗示，靠自己光明正大地爬出去，不再鬼鬼祟祟等待阿鐵的鋼鋸。何況，我『殺人未遂』的官司早已定讞，說不定法院很快就會來『要人』。心情一下子好轉，做起工來也就不覺得是在『勞動』。看著夕陽從遠山的稜線掉落，挑著重擔的胸肌，迎著晚風，每一塊都感到『運動』時的舒暢。

晚上就寢時，我決定重新調回生理時鐘，也就是半夜三點不再醒來，儘管自上週起，霧的長舌已夜夜舔弄著我的足心。我在吃一口冰的時間內睡去，脈搏和心臟都跳躍著幸福。我要用後八週補回前八週虛擲的睡眠。然而，半夜三點左右，我還是醒來。醒來不是因爲慣性，而是聽到『槍聲』，先是一響，然後兩響，最後是鞭炮般的掃射。忽然間，寢室的鐵門大開，值星官帶著全體官兵，全副武裝衝了進來了，喝令新收隊員起床著裝。點名之後，確定無誤，才鬆了一口氣，但還是命所有隊員在寢室走廊『打坐』。掀開厚重的眼皮，我發現寢室上下舖每一扇鐵窗都已隱去，『霧』已將每一張草蓆呑噬了大半，這是脫逃最佳的時機。我懶得去猜『到底是誰』，只告訴自己：『反正不是我，也不是阿鐵就對了！』闔起眼皮，我在冰冷的水泥地上坐著睡去。

天亮時，我才聽說：『是阿鐵脫逃！』我震撼得早餐只吃半個饅頭，喝一碗豆漿便草草結束。『怎麼不是我，反而是他呢？』在上工的路上，我不停地想著：『他不是說好要幫助我脫逃的嗎？怎會變成是他呢？』走著走著，我先是想起昨日他那詭異的表情，然後想起第一天在新收隊見到他，便坦白對他說：『我要脫逃！』我想起『霧』，想起『鋼鋸』，想起『第八週過後』，想起『地圖』。我開始暗暗自責起來：『都是我！是我在他心中勾勒出一張可行的脫逃藍圖。而他爲了讓我冷靜，爲了讓我三思，便刻意將送「東西」的日期安排在我和母親面會之後。結果，我取消了脫逃計畫，他卻反而覺得這麼完美的計畫棄之可惜。』『阿鐵啊！阿鐵！』我舉起十字鎬，每掘一下泥土，便爲他禱告一次：『願你一路平安無事！願你順利登上開往美國的船隻！每個人都有自己的母親，你應該也不例外。』

阿鐵脫逃了，逃得一乾二淨，沒有連累任何人，而我也彷彿了卻了一樁心事，從此再也不去想脫逃的事情。之後，我最常掛在心上，也常向隊友請益，而他們也很感興趣的事是，在我管訓之前，就已判刑確定的殺人未遂罪，法院到底會不會來『借提』？何時『借提』？執刑完畢還要不要『歸還』管訓隊？關於第一個問題，幾乎眾口一致地說：『會！一定會來「借提」』，因爲只有監獄才有施刑的正當性，而管訓隊對流氓的監禁，在法律上，只能算是『私刑』。這

樣的說法，令我頗爲寬慰，政府以『流氓』名義對我重複施刑，雖然令我憤憤不平，卻也相對減輕了我『罪的感覺』。

關於第二個問題，大家的答案也相當一致：『「借提」應該會很快，不過，總得等新收隊的磨練結束之後，否則豈非便宜了你這尾「鱸鰻」？』這樣的分析也十分合理，因爲它合乎『監獄是明媒，管訓隊是偷娶』的邏輯。另外，若司法單位對管訓隊沒有偏愛，那又何必偷娶？因此，『借提』日期極可能被拖到十六週的魔鬼訓練之後。儘管如此，我還是巴望著早日離開這個『地獄』。

至於第三個問題，不僅衆說紛紜，而且只要有人說了，便會立刻引起激辯。有一次在工地，我又聊起這個話題，造成兩個隊員邊挑土邊爭得面紅耳赤。一個理直氣壯地說：『殺人未遂判刑五年，如果在監獄獲得「假釋」，你知道什麼叫假釋？就是悔改有據的意思，既然認定他悔改有據，還有什麼理由再將他送回來管訓？』另一個也不甘示弱：『拜託！「這國的」跟你講什麼「假釋」？講什麼悔改有據？別忘了這是「借提」，「借提」你不知道意思？「有借有還」的道理你不懂？不要再說什麼「大某」和「細姨」的關係，即使是「大某」向「細姨」借東西，用完也是要還的。』聽完，我覺得前者說的有理，後者說的也是實情。不管怎麼說，

在後八週的日子裏，除了白天裝做『愚公』，早晚扮演『蔣公』，我是以挑起這三個話題自遣娛人的。

『十三』是個不吉利的數字，尤其配上『星期五』，但他們卻以一組變形的數字爲我帶來好運的開始。第十三週的星期五，我在工地，一如往常邊挑土邊數著擔數。我習慣每挑二十擔便換肩，這是一般隊員做不到的，因爲他們無法用左肩挑土。這就是爲什麼我能把『勞動』當成『運動』，而他們卻苦不堪言的道理。那天上午，當我挑到第十三擔，還來不及從右肩換到左肩時，『借提』的公文來了。我當下的感覺是：『地獄的日子終於結束了，監獄就是我的天堂。我得救了！』忘了把肩上的重擔卸下，我用扁擔和右肩的接觸點做軸心，將整個身體像打陀螺般在原地旋轉，轉到第十三圈，才慢慢暈坐在地上。這時，睡在我下舖那位年長者大踏步走了過來，扶著我的肩膀說：『你這是幹什麼？趕快起來！領了公文，到經理士那裏辦交接才是正事。快起來啊！你以爲你獲得自由啦？此去是要去服刑的，五年後不要再回來，知道嗎？』說完，所有隊友肩上的扁擔、衛兵手中的木棍、正規軍懷裏的槍、值星官斜掛的紅肩帶，還有整座被移來移去的山，都笑了。

在笑聲中，我脫去被戲稱爲『三等兵』的黑色『軍服』，交回S腰帶，兩個衛兵一左一右

鏘鏘地敲掉我的腳鐐。看著戴在腳上整整一百天，如今卻躺在地上的腳鐐，我有一種莫名的不捨，更有一股衝動想將它一把抓起，像拋落花一般擲碎在天空。望著即將離別的管訓隊，我先是揮手，然後又告訴自己『不要揮手！』；先是說『再見！』，最後又提醒自己『不要說再見！』

2 龜山

監獄即學校？

台北監獄不在台北，它在桃園龜山。入口處是一棟橫排建築物，一樓的會客室，我以前來過幾次，都是爲了探望獄中的友人。我生性懶惰，平常不太喜歡到外縣市訪友，但如果有要好的朋友入獄了，我一定至少去探監一次。當初探監的眞正動機，直到自己踏進了監獄，才驚覺並不純是爲了友誼。說起來，那有點像是古時候的老人，臨終前總會預先準備好棺木和壽衣，並對自己日後的葬身之處特別關心，也特別感到好奇。監獄面會的方式和管訓隊不同，它不是面對面交談，而是隔著一層強固玻璃，透過裏外各一支電話溝通。相較之下，管訓隊的面會方式，倒像是監獄的『特別面會』，是特權份子才能享有的。走進第一棟橫排建築物，我的心中不但沒有任何陌生或焦慮的感覺，反而有一種早已探過路的安定感。

出了橫排建築物，眼前是一大片方形空間。空間被一條筆直狹長的水泥路隔成兩半。右邊是一棟一棟橫排的舍房，按忠孝仁愛信義和平很嘲諷地命名下去。左邊則是一棟一棟橫排的工場，用阿拉伯數字依序命名。每棟舍房和工場之間，各有橫向的小徑相通。踏進監獄一步，就走在筆直狹長的水泥路。那條路的最大特色，是搭在頭上的雨棚，從會客室這端一直搭到最深

處的禮堂。我由兩名獄警左右戒護，走過青青草地，很快便看見左側一座籃球場。那大概是這裏唯一的體育設施，但聽說台北監獄有數千個囚犯。再往前，我的視線立刻被左邊第一棟建築物的標語吸引住，『監獄即學校』。表面上，它和外面軍公教建築物的標語，如『效忠領袖』、『反攻大陸』，沒什麼兩樣，然而『監獄』和『學校』的並置卻在我心中產生強烈的張力。我在國中時，曾把學校當成監獄，如今，卻被要求將監獄看作學校。雖然那只是一個標語，於我卻是莫大的諷刺。

走到水泥路中段，在與一條橫向小徑交叉的地方右轉，便是中央台。中央台不同於一般政府機關或航空公司的櫃台。它雖也做些人員登錄遷出，公文收發的服務，但在一般囚犯眼裏，卻是天堂與地獄，希望和痛苦的十字路口。入獄出獄，調房移監，上工下工，面會回房，還有『犯則』時進出『監獄中的監獄』，都必須經過這裏。記得國中時讀過一篇文章，說古代有一位姓楊的讀書人，每過歧路，便會佇足大哭。當時讀完覺得莫名其妙，現在走到中央台，才忽然明白他哭的是人生方向的不可預知。寄妥行李，辦完手續，我換上監獄的夏天制服——淡藍的短衣短褲，一雙拖鞋。隨獄警走入新收房之前，我回身看一眼通往工場的小徑，每一條都覆蓋灰色的雨棚。我斷定囚犯的光頭是不打傘的，當天空流淚的時候。

新收房關的是最『低級』的囚犯。我說的『低級』，不是與『高級』的對比，而是相較於一、二、三級囚犯。新收的當然屬於最低的『第四級』了。按級數分，一級囚犯是刑期早已過半，正等待假釋的。爲了讓他們及早適應社會生活，所以兩人一房，上下舖，面積最小。二級囚犯是刑期剛過半，假釋報是報了，卻有可能駁回，必須等升上一級再報，這類囚犯四人一間，也是上下舖，面積次小。三、四級囚犯通常關在一起，理論上是十幾人一間，睡地板，面積約五坪，但在旺季時，一間擠廿多人也是常有的事。至於新收房的格局，則比照三、四級房，只是收容的人犯又更多了些。

我住新收房，就像苦行僧掛單，很少躺著睡，大部分時候都盤腿坐著。同房的獄友一開始都以爲我是出家人，紛紛拿著素菜、水果來奉獻。等弄清楚我是管訓隊借提來的，便少有人敢跟我接觸。例外之一，是一位工程師，犯的是公司法或什麼的，我也不懂。我一進來，他便對我很友善。當時獄中一包新樂園香煙售價一仟，獄友們都當人參在抽。一根煙用十行紙捲成十幾根『老鼠尾巴』，還不算最省的。他卻每捲一次煙，一定敬我一支。等混熟了，他才鼓起勇氣，說出心中的好奇：『你兩個腳踝怎麼了？好像有兩圈舊疤痕？』我吸一口『老鼠尾巴』，『那是因爲長期戴腳鐐的關係。』他嚇了一跳！久久說不出話來。這時，其他的獄友也圍了過

來，其中一位唐突的：『聽說管訓隊員連站著也能睡，這可是眞的？』我說：『眞的！』記得在管訓隊工地時，我經常趁官兵一個不注意，撐著十字鍋或圓鍬，站著便睡。『那你是從管訓隊來的囉！難怪坐著也能睡，我們還以爲你是和尙呢！』我知道已被他的話套住，但我不介意，我正在享受記憶中站著睡的樂趣。

工程師是學化工的，但在新收房看的卻是文學和哲學方面的書。這下子輪到我對他好奇了，『你看的那本厚厚的是什麼書？』他抬起頭，看看我，再把頭埋進書裏。『你不是學化工的嗎？爲什麼唸梭羅的書？』他的頭愣在書頁裏，額上浮出兩顆狐疑的眼珠，『你怎麼知道……』我打斷他，『封面有他的名字。』這不是他要的答案，他繼續問：『你知道梭羅是誰嗎？』『美國文學家兼哲學家。』他閤上書本，也學我的姿勢端坐了起來，『你讀過他的書？』『沒有！』『那你……』我再度打斷他，在『地獄』裏已經很久沒說過人話了，想不到來到墳墓，身邊的屍體竟是可以促膝的。我急著想和他溝通，卻又有點擔心自己會養成搶白的壞習慣，『我在一些詩集裏讀過詩人引述他的話。』『你還記得那些引述的話？』他對我的好奇開始帶有一點深度，但我的答案卻是：『不記得了！』他臉上不但沒有失望的表情，反而更增幾分興趣：『你那些詩集都是在管訓隊唸的吧？』『不是！』『那是……』我又打斷他，但這次我覺得

是在接話，不是搶白，『那是國中時唸的。』『國中就開始讀詩集？』『對！那時我一心只想將來當一個詩人。』『結果卻當了流氓？』他想笑，又忍了下來。『那你在管訓隊都讀些什麼書？』我想笑，也學他忍了下來。這書呆子大概以爲到哪裏都能唸書，而且想讀什麼就讀什麼。我不禁爲讀書人經驗世界的狹隘感到悲哀，也慶幸自己有機會到管訓隊歷練一番。這是我第一次爲自己的管訓感到慶幸，也是第一次體悟到人生沒有一條路是白走的。我很不想回答他的問題，但還是簡短說出一本書的名字：『領袖遺訓！』他聽完，再也忍不住爆笑了起來。兩邊牆角的獄友，立即把『老鼠尾巴』捺熄。他們最先聽到獄警棒打房門的聲音：『幹什麼？是誰笑得那麼大聲？』工程師嚇得把頭藏在棱羅的懷裏。

其實，我喜歡閱讀新詩，不是國中時才開始的。早在小學四年級，我便和新詩結下不解之緣，那是一張舊報紙牽的線。一九六〇年代中期，我們的煤村還是文盲的聚落。大人是不讀書的，一切的知識，都來自等待挖掘的山丘，暗無天日的坑道就是教室，黑鴉鴉的煤炭就是老師。小孩雖能上學，平均也只上到國小而已。就拿我們家來說吧！我大姊只念小學三年，二姊五年，三姊學齡時，遇著父親礦變，沒有入學，哥哥小學畢業。這樣的識字情形，在我們礦區可說十分普遍。因此，沒有一個人家是訂報紙的。

我第一次看到報紙，是在小學四年級。有一天，我在礦場的煤堆上玩耍，遠處風中，忽然迴旋飄來一張舊報紙。我知道，那應是吹自某個陌生過客的手裏。我好奇地瀏覽正面五花八門的新聞。翻過來，我看見醒目的『副刊』兩字。我試著閱讀上面的小說、散文和新詩。我反覆地細讀，最後終於咀嚼出其中的滋味。我發現我不僅喜歡副刊刻劃的生命臉譜，更著迷於那一小塊新詩文字的神妙組合。

從此，我每天放學後，都要到碼頭附近的報攤集中區，去翻閱當日出爐的早、晚報副刊。那些報攤大多依附在騎樓樑柱，每隔十幾二十公尺一攤，遠遠望去，竟也亂中有序。報攤攤販都是上海人，除了滿口『阿拉』，也會講幾句難聽的英文。他們在攤架上擺一些中文書報做掩護，暗地裏賣的是裸女封面的西洋雜誌，走私的洋煙，還有靠岸美國大兵愛嚼的口香糖和巧克力。那些美國大兵有白人、有黑人，黃昏後，在霓虹燈的閃熾下，開始進出騎樓內的酒吧間。

由於我總是光著腳丫，穿一身美援麵粉袋裁製的小衣小褲，胸前是『中美合作』，背後是『淨重三十公斤』的印字，怎麼看也不像是買報紙的，倒像是準備偷竊的流浪兒。報攤攤販通常只是盯著我看，瞳仁偶爾由黑轉白，但若是有美國大兵遠遠走來，他們不是伸出中指，不耐煩地問我：『你到底買是不買？』就是揮動拂塵也似的衣袖，驅蠅般地喝斥：『去去！去去！

去！』他們給我的白眼，和『逐客』的方式，令我長時難以忘懷。那也是爲什麼我會在長大之後，已經經營賭場了，還三不五時不務正業地糾衆到碼頭的酒吧間，向那些也是上海人的酒吧老闆敲竹槓，動不動就砸店，或與美國大兵鬥毆的原因。而我後來也發現，那些報攤攤販，其實也兼爲酒吧把風，並做他們的眼線。

在那種情況下，我閱讀早、晚報副刊，頂多只能淺嚐即止，然後很快便得轉到另一家報攤。我發現用這種遊牧的方式，要想好好讀完一篇小說或散文，是很困難的事，唯一可能在短時間內讀完的只有新詩。既然如此，我便專挑那迷人的小塊文字來閱讀。我這樣『偷讀』副刊的習慣，大約維持了五年。到了國中二年級，我已能在一盞茶功夫，擄掠報攤所有副刊的新詩。如果說『白吃白喝』是一種流氓行徑，我在小學四年級就已經開始『白讀』了。

新收房不必上工，但獄友們卻都巴望著早一天下工場，因爲房裏的日子不好過。一日三餐，吃完睡覺，卻沒人受得了。先說吃的，早餐有『稀飯』，是昨日的剩飯加熱水。中餐、晚餐則不加熱水，是當天的飯。佐飯的菜餚自備，自備的方式有二。一是向監獄的『福利』社購買，菜錢由保管金扣除。什麼料理都有，只是售價約高於市面五至十倍。付得起這種價錢的，一般稱爲『大肚仔』。然而，『大肚仔』畢竟是少數，大部分囚犯還是得仰賴家裏『送菜』，

家裏送來的菜餚的不夠了，才忍痛向監獄購買。監獄裏有所謂的『加菜』，每週一至兩次，遇有上級巡視，再應付一次。都是去腿截胸的咖哩雞。不多不少，每人兩塊。若不幸只分到一塊，另一塊便由馬鈴薯充數。

新收房的『吃』，其實是整個監獄的縮影，因此即使無法忍，也得受。眞正令人受不了的，是新收房的『睡』。由於每房只有五坪地板，卻要睡廿多人，因此大家協議，晚上睡覺一律側躺。翻身時，如果不是全體一致，便得自行起立，翻好身再躺下來。這樣的睡，自然很少人能適應。於是，晝寢的『宰我』，便成爲新收房供奉的偶像。最會晝寢的，一日頂多睡個幾次，只是睡時，獄警隨時都會來敲門，因此，到了夜晚，還是得瞪著窗外的星星到天明。至於那些無法在白天偷睡的，日復一日，便有燈枯之虞，於是只好稱病，向牢門外每週前來看診的獄醫，討兩粒感冒藥吞了，才勉強昏睡個幾時。

除了吃、睡的限制，新收房一日只『放風』一次。也就是在舍房外的小庭院，胡亂做做操，走動走動，限時十分鐘。其餘的時間，大夥兒像疊在南北貨車裏的豬仔，動彈不得。尤其時序已近仲夏，整個牢房只有一扇鐵窗和遮飯菜的風口。說它是『悶燒的蒸籠』，一點也不誇張。因爲太熱，大家又訂了一個規矩：任何人都不能霸佔鐵窗，或堵住風口。這樣一來，活動

空間又小了一些。

這種日子，新收房獄友多是在叫苦聲中度過的，我是少數的例外。過去，我是那種『好天不存雨來糧』的兄弟，進了監獄，自然兩手空空，加上家人無法定期為我寄錢送菜，於是便淪為獄中通稱的『大頭仔』。我雖是『大頭仔』，卻從不為三餐感到『頭大』。經過管訓隊煉獄般的磨難，我覺得不必『強制工作』就有『飯』吃，已經是一種幸福。何況還有獄中的舊識，知道我到了新收房，三不五時便會送來一些料理、香煙和金錢。加上同房獄友，特別是那些需要我代寫書信狀紙的，也都十分樂意和我分享他們的食物。因此，在新收房，我不但沒有『吃』的問題，也第一次想起家裏的弟妹，他們是否也像我這樣溫飽？新收房的『睡』，對我來說更不是問題。無論是『集體側躺』也好，『一起翻身』也罷，我在管訓隊早已適應得很好。加上我天生『好睡』，就算站著，也能入夢。看著新收房獄友視睡覺為畏途，聽他們起床後的長噓短嘆，我再一次慶幸自己的管訓經驗。

新收房獄友十分寶貝『放風』的時間，我卻巴不得連那十分鐘也取消掉。由於在管訓期間，除了《領袖遺訓》，一切書報雜誌都在禁止之列，因此到了監獄，看到任何有文字的東

西，便恨不得當場將它生吞活剝。在新收房，我讀了不少書，都是『工程師』提供的。提供的方式是，他讀完一本，我接收一本。一書兩讀，他說：『這才划算！』相處一個多月，我們一起讀過中國小說《紅樓夢》、《鏡花緣》和《三國演義》，台灣小說《亞細亞的孤兒》，俄國小說《戰爭與和平》、《卡拉馬助夫兄弟們》，日本小說《千鶴》，以及美國小說《老人與海》。至於前面提到那本梭羅的書，工程師是早晚才攤開來看。那似乎是他的『枕邊書』，因此一直輪不到我讀。也因爲這個緣故，我一直垂涎那本書。平均每兩、三天，我們便讀完一本厚厚的小說名著。我唯一感到不足的是，工程師只讀故事不讀詩。我愈加對他那本『枕邊書』感到好奇了。

我不但對每日的『放風』感到厭煩，也對沒讀多少書就要點名、吃飯覺得無奈。一個多月過去了，眞希望下工場的機會統統讓給別人，我只要專心讀書。然而，『下工場』的日子終究還是來臨了。離開新收房那天，太陽像一頭野獸，剛被鐵窗夾著。工程師從枕頭底下摸出那本梭羅，語帶靦腆地說：『這本書送給你吧！反正我每天早晚讀它，一個多月了，好像也不太能讀得懂。很佩服你，只有國中畢業，卻能「逼」著我讀完這麼多書。保重囉！分手之後，希望你能替我把這本書讀通。』我用雙手接過那本書，封面上用中文題著《華登湖》三個字。我忽

然想起國中時讀過詩人引述《華登湖》的句子，然後開始對自己的未來感到恐懼。我該不會像一般的囚犯，將『自我』化約爲『吃』、『睡』和『放風』的瑣事吧？該不會在臨終時，猛然回頭，才驚覺自己根本沒有活過吧？我告訴工程師：『我會把這本書讀通的！』

鐵窗道場

第一工場，做的是撿字、排版和印刷的工作，我覺得這再適合我不過了。我準備好好工作，利用撿字排版時多認識一些字，再拿每月掙得的一百多元工作金，去買兩本值得一讀再讀的書。我在新收房跟著工程師閱讀的大多是探討人類集體命運的磚塊小說。今後，我要讀的應是類似梭羅的作品，可以作爲打開心門之鑰，既充滿詩的張力，又散發文字芬芳的書籍。我覺得用讀書的方式換取失去的自由是值得的。透過《華登湖》的閱讀，我已稍稍明白，用文學和哲學的文字做媒介，去探索具有高貴神性的內在，本來就是要犧牲物質生活，甚至身體自由的。

經過肉身的禁錮和諸多磨難之後，我已隱約看清楚自己身體的功能和極限。過去，我以爲自己的肉身就是『自我』，而『自我』是生存唯一的依據。然而，從管訓隊的新收隊，到監獄的新收房，再到第一工場，一路走來，我具體感覺到有另一個『自我』的存在。『它』忽而出現在我的體內，一下子又跑到我的體外。『它』總是和我的身體持不同意見。比如我的腳踝厭惡腳鐐，肩膀痛恨扁擔，眼中的怒火恨不得燒掉鐵絲網，『它』卻站在腳鐐、扁擔和鐵絲網那

一邊。比如我的嘴巴埋怨新收房的待遇，我的雙手在鉛字堆裏撿拾自己的骨骸，覺得第一工場是埋葬我青春的墳墓，『它』又會站在相反的立場，對我反唇相譏。又比如我覺得我的肉體受到極大的委屈，『它』卻一再向我抗議，『它』才眞正受到我的漠視。我知道我的肉體，像窗外草地上的蒲公英，很快便會消失。但是『它』呢？『它』是誰？『它』是從哪裡進駐我的肉體？我的身體死滅之後，『它』又會歸於何處？我每天都在想這個問題，愈想愈覺得自己應該多讀一些《華登湖》之類的書。

第一工場在台北監獄被暱稱爲『文教工場』，『文教』是以入獄前的職業類分的吧！這裏的囚犯在入獄前多是公教人員，罪名十之八九都是『貪污』。他們之中，認眞悔罪的一個也沒有，都是滿腹牢騷、死不認錯的傢伙。我對這些人感到相當好奇，常與他們談論案情，耐心聽他們訴說冤屈。最誇張的是，有一個中學校長，也是貪污的，一得空便拉我到工場一角，聽他背誦唐人王勃的〈討武曌檄〉。我不知道當今的武則天是誰？他要征討的又是哪一位？只覺得他是這群人的縮影，講話拐彎抹角的，即使以古諷今，也令人覺得不知所云。要不是他們每人手裏都握著幾本私房好書，我早就請調到『兄弟』雲集的別的工場去了。

在這群貪官污吏當中，唯一讓我覺得還有羞恥心，也有長輩風範的，是一所明星高中的資

深教師，他姓邵。我注意到他，是在有一天上工的路上。他隨隊伍從另一個舍房出來，在交叉路口遇見我，我發現他左手握著一本叫《老子》的書。『老子』的名字我聽過，只是國中時只被允許讀『孔子』，因此沒唸過他的書，不知他葫蘆裏賣的是什麼藥？到了工場，我趁空就去找邵老師。他待人謙和，既不談案情，也不發牢騷，更不背誦那可笑的『檄文』。我開門見山向他借《老子》，他說：『好！只是這書不容易讀！』我拿了書就要走，他叫住我，好奇地問：『你是什麼學歷？』『國中！』『喔！在這之前你讀過什麼書？老子講什麼，你知不知道？』『不知「道」，所以才來向他問「道」，希望他不是個盲人。至於我之前讀過的書？最偉大的一本是《領袖遺訓》！』他笑了笑：『我看過你讀梭羅那種專心的態度。』『是嗎？』『梭羅和老子可能有一些滙通的地方。對了！這裏每星期一早上會有一位老禪師過來說法，你何妨也來聽聽看，說不定透過禪法做橋樑，可以幫助你讀懂老子和梭羅。』

老禪師坐在圓圓的蒲團，蒲團前面一張小矮几，几上一本經書，半杯茶。室外沒有南風路過，因此經書不曾翻動，茶也像他的心一樣靜止。老禪師講經的聲音，就像仲夏夜的蚊子。我屏氣凝神聽了老半天，卻不知他在講些什麼。我希望他講大聲一點，但矛盾的是，我又希望他不要講得太大聲。這樣的心情，就像音樂會的聽衆，希望演奏者能停下來，解釋一下他的樂

章，又希望他不要囉嗦，繼續奏，畢竟聽衆要感受的是音樂本身，而不是演奏著的解釋。老和尙說法的聲音，就像音樂，繞著屋樑，在我心中盤旋不去。我每週一都按時去聽講，由於沒有人聽得懂他在說些什麼，囚犯們，包括邵老師，日久也就漸漸散去。最後只剩我和他面對面坐著。我不願離去，因爲我覺得坐在他面前，聽他偶爾唸誦，偶爾講經的聲音，我的另一個『自我』，和我的肉身，竟隱隱然產生某種合解的契機。

老和尙不再來了，我想可能是他的身體出了問題。他很老了，走路像戴著九公斤的腳鐐。然而，他的聲音仍繼續迴繞在我心所『住』的每一個地方。每逢週一早上，我都會懷念老和尙，也會在鐵窗前端坐片刻，然後才起身去上工。記得老和尙臨走時曾經對我說：『下週一起，我就不再來了，我知道我的聲音很微弱，講解經文，很難讓人聽清楚。不過，和我比起來，鐵窗是一句話也不說的。我走了以後，你要專心向鐵窗學習，它會教你一切的道理。』

我不相信鐵窗能教我什麼道理。每天我抽空在鐵窗前端坐，是因爲我答應老和尙要這麼做。然而，漸漸地，我發現鐵窗竟是一座活生生的道場。短短一個夏季，我觀察到鐵窗上諸多生命起滅的痕跡。最常見的是螞蟻。我想如果將小小的螞蟻，放大到人的尺寸，它豈非就像中古時代的鐵甲武士？我開始相信國中時讀過的希臘神話，說刀槍不入的阿奇力士，死後轉世爲

螞蟻。我也曾在欄柵上發現一根蜜蜂的螯針。我小心翼翼地將它拔起，卻不知該如何物歸原主。

清晨，我在鐵窗上看過毛毛蟲，細數過它體毛末梢的每一粒露珠。從露珠的大小差異，我判斷出沒有兩根毛毛蟲的體毛是完全一樣的。我看過痲雀，不知它是否在清點我們這群側躺的稻草人。我也看過金龜蟲，它每一收翅，綠甲便出現一顆粉紅的太陽。中午，鐵窗外常出現蜻蜓，有時兩隻，交配中的，有時單身，炫耀著再生的尾巴。鐵窗上也常出現蒼蠅，我看過跛腳的，難道監獄裏連蒼蠅也會暴動？大部分的蒼蠅都是健全的，它們先用前腳，再用後腳搓掉鐵銹，它們是不銹鋼的蒼蠅。傍晚，我曾撞見瞎眼的蝙蝠。我想它應是初次操作聲納的罷！否則怎會撞上鐵窗？我也曾目擊一張八角形的蜘蛛網，掛在正方的鐵窗。我希望它固定懸在那裏，做爲舍房鎮邪的圖形。夜裏，鮮少出現在鐵窗的蟑螂，觸鬚偶爾被探照燈捕住。還有蟋蟀，不見蹤影，卻用它的哀鳴，將鐵窗喉頭打一個結。

短短一個夏季，我觀察過鐵窗外日月星辰和雷電風雨的變化，目測過燕鷗渡鳥、蜜蜂流螢飛行的高度，也計算過野菊松針、蒲公英和相思葉飄落的速度。短短一個夏季，我已能按不同的光源，在鐵窗上刻計出不同的時刻。我甚至能用鐵窗當耳朵，聽出九十九種雨的聲音。每天

一得空，我便跌坐在鐵窗前，這已不是在履行對老和尚的承諾，而是眞心把鐵窗當老師。

我常將鐵窗上的蟲蟻鳥雀，雷電風雨內化成自己，專心體會內化時那種『無常』的感覺，那種所有情慾，一切意識頓成『虛空』的境界。然而，等到『無常』和『虛空』的體驗消夫，我不但不後悔回到痛苦而卑微的自我，反倒慶幸自己並非只是被動等待幻滅的『現象』，而是可能在有限的生命中創造永恆的『力量』。我想起國中時讀過的詩，想起那些詩人。他們的形骸都已幻滅，但他們的作品不死。我相信，只要自己有一天也能作得出詩來，便可超越生死的框限，克服『無常』的恐懼。我發現生命本身就是宗教，而詩是最方便的法門。

離開第一工場以前，我收到一本民間助印的佛經。當我讀到『應無所住，而生其心』時，耳際忽然響起當初老和尚唸誦的經文。令我感到驚異的是，老和尚原本微弱得有如蚊蚋的聲音，竟變得愈來愈大聲，而且愈來愈清晰了。驚魂甫定，我立刻翻回佛經的封面。沒錯！老和尚當初講述的，正是這部《金剛經》。闔上經書，我興奮地站了起來，兩手緊緊抓住鐵窗。感謝老和尚！我終於明白，『鐵窗』就是一本現成的《金剛經》。

認親

我會離開第一工場，除了聽說監獄已將最後一排工場改建成『宏德補校』，準備在獄中招收學生以外，也和一個外號叫『膨仔』的獄友有關。『膨仔』人如其名，肚子『膨膨』的，作風也很四海，但罪名卻是與他外形不甚相稱的『煙毒』。他是第一工場的自治員，囚犯的領袖。囚犯的領袖是經由普選產生的，在專制戒嚴時代，可算是民主的先聲。我一到工場，『膨仔』便對我照顧有加。他三不五時，或者說是定期吧，便會把昂貴的香煙，半包半包地，硬塞在我的手中。他不只是送煙而已，還會在下工之後，差雜役送來捲『老鼠尾巴』的超薄煙紙。此外，還常送冰、送菜，甚至送來一些在獄中很搶手的色情書刊。

我不知道『膨仔』爲什麼對我這麼好，只知道房裏房外開始流傳他是我的『親戚』。一日，我正專心撿字，他忽然出現在我的身後。我轉過頭來，手裏捧著鉛字盤：『有事嗎？』他結結巴巴地：『我有一件事情想問你……你是不是來自基隆月眉山礦區？』我睜大雙眼，露出驚訝的神色。他避開我的眼光繼續問：『你父親是不是……外號叫「哮呆溪仔」？』我的眼睛睜得更大，『你怎麼知道……』我話還沒說完，他隨即『啊』地一聲，掉頭就走。他的慌張感染了

我的左手，我伸手扳住他的左肩。這時，一群桃園兄弟聞聲圍了過來。『膨仔』十分和善地回頭，附在我的耳邊說：『我是你小妹麗珠的養父！麗珠，我們這頭叫她寶珠的。』他的話擊落了一地的鉛字。獄警一聽見騷動，隨即起身，從主管台走了過來。『膨仔』跑過去應付他，桃園的兄弟也跟著散去。

『膨仔』蹲下來，陪我撿拾地上的鉛字，『你不要激動！』我知道他是煙毒犯，滿腦子儘往壞的方面想，『我妹妹現在怎麼了？』『膨仔』低著頭說：『我知道你在想什麼！我是煙毒犯，家裏的生計一直由我太太撐著。她開地下餐廳，也僱用陪酒。但麗珠是我們的女兒，我們很疼她，她祖母更是「惜若命」，我們不可能推她下海的。』『我妹妹現在怎麼了？』我看多了煙毒犯，實在很難相信他。『她白天在工廠上班，晚上讀高職補校。不信的話，明天就讓她來和你面會。』

翠日從面會室回來，我一路想著：『怎麼會這麼巧？上蒼為何安排我小妹的養父和我一起受刑？我昨天到底憑什麼和「膨仔」爭執？他是個煙毒犯，但麗珠的確是在半工半讀，並沒有被推下海！而我呢？我到底為自己的妹妹做過什麼？』

記得麗珠被陌生人帶走時，我六歲。那時，我有四個兄姊，三個弟妹。兩個妹妹最小，麗

卿兩歲，麗珠一歲。我那時已經知道她們隨時有可能被拘走。雖然三歲時，我就目睹父親斷掌逃出礦坑的慘狀，但還不明白那意味著什麼。我很不諒解父母，為什麼他們會允許陌生人像採購牛隻一樣到我們家來『看貨』？二姊是十分聰明又有經驗的，她明知父母赤貧的窘狀，自己不敢違拗，卻又私下教我：『建隆！來！我告訴你，買牛看牙齒，買人看眼珠。你整天在牛車路和輕便車鐵軌上玩耍，要是看見陌生人進入我們的礦區，就要趕快跑回來，叫兩個妹妹緊緊閉上眼睛，這樣她們就不會被拘走。』我點點頭說：『好！』

來看妹妹的陌生人很多，我都是按照二姊教我的話去做。兩個妹妹也很配合，任陌生人怎麼翻，都只露出盲白的眼珠。然而，『膨仔』他們來的時候，我不知是在廟埕，還是在山上玩，如今已不記得。只記得那天傍晚回家，麗珠已經不見了。我坐在地上痛哭了起來，兄姊們也哭了，父母的房裏鴉雀無聲。兩個更小的弟弟出生後，我的警覺性更高了。每天早上，我一定要先對他們叮嚀一番，才敢去上學。放學回來，也一定要對他們耳提面命，才很不放心地跑出去玩。玩的範圍不是在牛車路，就是在鐵軌邊，絕不敢稍稍遠離家門。儘管如此，來看兩位小弟的陌生人，還是絡繹於途。好在陌生人來了，弟弟們就翻出白眼珠，等他們走了，才恢復黑瞳仁的笑容。

我很想念麗珠，卻在監獄的會客室與她相見。我渴望見她一面，目的是要確定她沒有被推入火坑。我見到麗珠了，她光明正大地出現在玻璃窗的另一頭。然而，見到了又怎樣？我到底想幹什麼？我想負什麼責任嗎？還是只要求別人負責？回到工場，『膨仔』一直不好意思來和我見面。其實，更該感到慚愧的是我自己。

不管怎麼說，第一工場我已待不下去了。就在我尋思著如何調離此地時，好心的雜役傳來一張字條：『建隆！你到新收房第一天，我們就獲得消息。兄弟們分別送上許多東西，不知是否收到？你知道嗎？監獄最近新設了補校，我和許多基隆兄弟都已請調到這裏。很不放心你一個人「孤鳥插人群」留在第一工場。要到「學生隊」很簡單，只需向主管台報名，填妥表格就可以。等你來！阿潭筆。』

阿潭是我的舊識，石硬港人，因和田寮港兄弟走得近，而且契合，日久，基隆『兄弟』界也都當他是田寮港的。我和他建立感情是因爲我的三弟。早先我對三弟管得很嚴。我認爲自己當了兄弟，已背棄了父母，就不該再容許他步我的後塵。但只要自己當了水鬼，就不可能阻止別人溺水。我雖用盡各種防堵的方式，也只能眼睜睜看著他，踩在沙灘上我留下的腳印。後來，我知道他跟在阿潭身邊，才稍稍放了心。畢竟阿潭是個正統的兄弟。他維生的方法和我一

樣，一個『賭』字而已。我見識過阿潭的雅量，覺得他不該是田寮港的『池中之物』。

再遇到『膨仔』，我把阿潭的字條『遞給他』，算是向他道別，我已無法在那樣尷尬的情境與他相處。他看過字條後，連聲說『好』，但卻鎖著眉頭：『好是好！不過，那裏可能比這裏複雜。這裏再怎麼說也是個文教工場，有牛鬼蛇神的話，也不過是你我幾個而已。但那邊，聽說還沒有開學，南北二路的兄弟都已經雲集，我看……』『我看我還是比較適合那裏！』丟下這句話，我逕自往主管台走去。主管的口氣是善意的：『我說嘛！你一直把這個工場當成圖書館，眞要讀書？就到那裏去！不過……好吧！你把這表格塡了，發現不對，再回來不遲。』

回到舍房，我跌坐在鐵窗前，告訴會飛的蒼蠅、蚊子、蜜蜂、蜻蜓，不會飛的螞蟻、蟑螂、蜘蛛，還有稍後出現的毛毛蟲，告訴老和尙的分身——鐵窗，我就要到『宏德補校』去唸書了，希望他們能爲我祝福。

綠林補校

『宏德補校』位於台北監獄西北角，從第一工場起算，是最後一棟建築物。從規劃的角度看，是取其清靜、獨立的意思。加上右側銜接監獄禮堂，方便教學與演講活動的整合。補校和工場一樣，是橫排建築物，不同的是，它有兩層。中間被樓梯隔開，左邊是國中部，右邊是高商部。一個年級各收一班，我唸高一，建築物前面是橫長的綠地，綠地上有兩個圓形的天體浴池。

天體浴是『學生隊』的特色之一。待過工場的同學都知道，一般工場的衛浴設備是在室內，緊貼著內牆，左邊是橫排自來水槽，右邊是蹲式廁所。洗浴時，人犯站成長長的橫排，加上光線暗淡，很難看清楚彼此身上的刺青。我在第一工場待了兩個多月，才統計出刺青人犯比率不過百分之十。但在『學生隊』，『天體浴』讓人一目了然，國中部刺青的幾達百分之百，高商部也有百分之九十。

刺青的數據顯示，到這裏『就讀』的『學生』動機並不單純。監獄規定四十歲以下的囚犯都可以來就讀，但並未規定身上沒有刺青的不准入學。結果，不刺青的不來，刺青的都來了。

據我所知，有兩種人最迫切想來『學生隊』。一是走私販賣香煙毒品的，一是純粹想圖好日子過的。原因很簡單，『宏德補校』既是『學校』，獄方至少該把囚犯當成半個或四分之一個學生吧！而半個或四分之一個學生所該享有的自由和空間也應成比例擴大吧！這是來此『就讀』的囚犯共同的奢望。

刑期長是『學生隊』的另一特色。『宏德補校』規定，刑期五年以上，無期徒刑以下，才符合入學資格。總之，招生對象以能讀完三年結業者為原則。『學生隊』的重刑犯以『殺人』和『殺人未遂』者居多，可說殺氣很重。其餘的幾乎都是『強盜』，這又為『校園』氣氛抹上幾分綠林的色彩。

上百位殺人越貨的『學生』，後面逐年還會有『新生』入學，嘯聚在『學生隊』，『宏德補校』不是江湖的縮影是什麼?江湖有江湖的規矩，大家雖已具備『學生』身分，彼此也有『同學』之誼，然而，一遇紛爭，還是校規放兩旁，江湖規矩擺中間。我未到『宏德』就聽說，有許多『學生』在還沒開學以前就被退學，原因是『集體械鬥』。我入學以後，情況已有些改善，因為各路人馬為了要在這塊『樂土』偏安，都不約而同建立『自制』的共識。

我的到來，對這種『自制』的共識是有一點幫助的。我是『膨仔』的親戚，而『膨仔』是

桃園在地人，由於肚量大、人緣佳，對桃園兄弟有一定的影響力。桃園兄弟，因爲地緣的關係，在『宏德補校』形成最大的勢力。其次是大台北地區外省幫派的聯合勢力。再其次才是人數不多，但團結無比的基隆人。阿潭找我來，用意十分清楚。他認爲我不但是『武將』，而且頭腦非常靈光。他相信如果我願意過來，『基隆桌』一定可以和其他兩大勢力鼎足而三。但他始料未及的是，我竟然像一隻鴿子，一落地，便帶來和平的訊息。爲了我，『膨仔』一直往『學生隊』跑，而桃園和基隆的兄弟也漸漸開始笑往迎來。這兩股勢力一旦合流，『宏德補校』也慢慢出現了秩序。這樣的結果，當然是阿潭所樂見的。他天生雅量，只要『人不犯我』，可以讓桃園兄弟透過選舉取得領導權，自己則潛入地下做個指揮官，亦無不可。更令阿潭無法想像的是，我答應他要來『唸書』，結果，竟然是玩眞的。我一到『學生隊』，就整天抱著書本，無時無刻地啃讀。起初，他以爲我只是做做樣子，畢竟我身上還背著一期管訓，不這樣如何取信於『宏德』的獄警？然而，時日一久，他也不得不相信自己的眼睛。他的心情是複雜的，而複雜是最佳的留白。『學校』開學以前，我閱讀的範圍已從老子延伸到莊子，從梭羅上接到愛默生。

我前面提到『基隆桌』這樣怪異的名詞。其實『桌』在監獄不但不新鮮，而且是最普遍的

社群。以『宏德』爲例，基隆籍的囚犯，因爲同鄉的關係，加上犯罪同質性高，自然跨年級同桌吃飯，這就形成『一桌』。桃園兄弟，也有高度同質性和在地之誼，當然另成一桌。物以類聚，相互取暖的結果，光一個『學生隊』就可分成好幾『桌』。其他還有『散桌』，如強姦犯、金光黨等，因爲沒有任何『桌』願意收留，只好自成散桌。那樣的桌，當然桌不成桌，早上合，下午分的所在多有。最穩固的當屬以縣市或外省掛大幫派爲核心的桌。一旦出了事，獄方找上桌面，總會給個『冤有頭，債有主』的交代。『宏德補校』不但江湖色彩濃厚，每桌也都各具分量，我是在這樣的權力『恐怖平衡』中唸書的。

憑良心說，來『宏德補校』就讀的囚犯，也有動機單純的，他們只想唸書，譬如阿凡和阿明。兩人雖都是外省子弟，然而，當時外省人在監獄，並未享有在社會那樣的優勢，加上兩人都不是兄弟出身，因此屬於『散桌』，日子也就過得比較孤單。孤單的囚犯，書本是最佳的伙伴。兩人都已高中畢業，犯的是搶劫，刑期很長，所以申請到『補校』來，再從高一唸起。

阿凡仰慕古代的儒者，他認爲書不讀便罷，要讀就該上承孔孟，下繼楊朱。因此，整天捧著不知那裏弄來的線裝書搖頭晃腦地讀。有一次，他看見我拿著一本西洋翻譯書，也學他搖頭晃腦地讀，便皺著眉頭，走了過來：『一切學問都要以古文爲基礎，不要一下子就唸西洋翻譯

書。』我說：『古文我也唸一點。』『你唸什麼古文？《論語》還是《孟子》？』『我唸過《老子》，現在唸《莊子》』。『唉呀！他們都不是中國文化的正統。孔子你聽說過嗎？』我點點頭。『孟子你聽說過嗎？』我不點頭，也不搖頭。『那朱子呢？』我搖搖頭。『你應該讀這些聖賢書才對啊！我這裏有一本《論語》，你可以讀讀看！』『那書上寫的是什麼？』『修齊治平』。他看我一臉茫然，就再補充：『修身、齊家、治國、平天下。』『這個我讀過。』『什麼？你讀過了？』『我沒讀過《論語》，但我讀過《領袖遺訓》。那書上說的也是同一套。』『對啊！先總統　蔣公也承認，他是繼承堯舜禹湯文武周公孔子的。』『可是，這些人都是要治天下的，而我只是個生命已被逼到死角的囚犯，只是個流氓。我只想知道自己到底從哪裏來？爲什麼要活得這麼辛苦？死後要往哪裏去？就像你們蔣公提出來的，生活的目的是什麼？生命的意義又是什麼？』『這……《領袖遺訓》裏不都有答案了嗎？「生命的意義在創造宇宙繼起的生命」……』我立刻打斷他，『像我們關在這裏，沒有女人，如何「創造宇宙繼起的生命」？古時的太監、同性戀者，還有「無能」的男性，他們的生命，難道都沒有意義嗎？我在管訓隊，因爲懷疑你們蔣公對生命的定義，還差點被打成思想犯呢！我不是故意要懷疑你們蔣公，只是覺得，自己的生命必須自己去追尋和探索。』阿凡聽完，愣在那裏。

阿明是建中夜間部畢業的，很喜歡唸書，卻讀得很不快意。他有個弟弟，和他同案，去年在新竹少年監獄考上大學，報紙電視風雲一陣，甚至拍了電影。他曾經告訴我，弟弟是師大附中畢業的，考上大學本就是天經地義的事。問題是，自己好歹也是建中夜間部出身的，又比弟弟多關了好幾年，在一般親友眼中，這等於比弟弟多唸了好幾年書。萬一考不上，那可眞是……另一點令他憂慮的是，弟弟刑期八年，是少年犯，服刑三分之一便可獲得假釋。也就是說，弟弟只要在三年內考上大學，隨時都可獲得自由。然而，阿明被判十五年，又是成年犯，刑滿二分之一才能報假釋。他想早點報考，監獄又不准；等將來准了，歲月已不饒人。由於考期像汪洋中的浮木，而浮木離溺水人尙遠，他因此載浮載沉，竟日捧著一成不變的教科書，讀也不是，不讀也不是，日子就這樣從指縫間流逝。

弄假成真

我唸的是『宏德補校』高商部。『高商』是『校方』規劃的，不是我的選擇。記得開學第一堂課，上的是『高商國文』。這裏的老師，都是從桃園各高商職校請來的，全是兼任，國文老師也不例外。他長得瘦瘦的，聲音和身材一樣。他課上到一半，不知是累了，還是下意識覺得沒有人在聽，於是拿起點名簿，連點了兩、三個，得到的回應竟全是『橫向的』揮手。他再試一次，剛好點到我。我因爲讀過《老子》和《莊子》，唸起文言文寫的什麼〈祭妹文〉，覺得好像不是很難。唸完，老師一臉狐疑：『你是什麼學歷？』『大學！』語畢，全班哄堂。

等大家笑完，我再補一句：『準備考大學！』大夥再度捧腹。老師說：『大學日間部很難考，錄取率只有百分之十幾，我本人考過兩次都落榜。當兵回來再去補習，第三次才考上。像你在這種環境……不過如果有心，也不是完全沒有機會。但第一步就要先專心聽講，不要邊上課邊看課外書。其他同學也是一樣，我知道你們看的都是些什麼書，不是武俠就是色情。林建隆！讓我看看你讀的是什麼課外書。』我因爲坐在後排，就把書傳到前面去，同學們邊傳邊笑。老師一看是《莊子》，嘴唇一下子扭曲成問號？就在此時，一位獄警突然衝進來，抓住大牛，他正在課桌底下偷看一本色情書。大

牛是『基隆桌』的，殺人犯，他哥哥是我的舊識，我很擔心他會遭受處罰。好在國文老師適時說話了：『對不起！警察先生！我們正在上課，請你不要闖進來！』『可是他在看色情書啊！』『不管怎麼說，你不該闖進教室。』『但這是我的職責啊！』老師的臉在台上鐵青著：『什麼你的職責？這是我的職責！』說完，將課本重重一摔，便走了出去。

第二節上的是『高商數學』。國中時，我的數理化一直都很好。雖說時隔多年，一切公式定理早已忘了，不過，再拿起來看也還記得。不構成困擾的事，不表。接下來上的是『高商英文』，這可是我的罩門。國中三年，我的英文成績表面上很高，其實都是白讀的，因爲我是啞巴兼聾子。老師只教我們廿六個字母，不教音標，便直接跳過去上課文。但由於字母的發音，和實際讀音不同，害得我只能用強記的方式，將每一個字的字母拼對，便算了事。當時聽說想學音標，想讀出每一個字，就要到老師家去補習。那又要另外付費，我家的『煤炭』根本付不起。好在六本教科書加起來也不過幾百個生字，何況考試時只考筆試，只會拼寫，不會閱讀，也能應付。

『高商英文』課，老師教起來，也是整句整句地讀，讀完再用中文譯出。我看看課本，除了a和the等冠詞，通篇沒有一個字是認識我的。就算認識，也只是展示它們個別的五官和四肢，根本就不讓我看清全貌，更別說叫出它們的名字了。情急之下，我舉起左手：『老師！你

唸的……』『我唸錯了嗎？』『你的中文都唸對了，但……』『但我的英文都唸錯了嗎？』台下一陣爆笑，我本想坐下來算了，卻又不甘：『但你唸的英文，我都聽不懂。』『爲什麼聽不懂？』『因爲我連音標都不會。』這其實是每一位同學共同的心聲。『連音標都不會？我看你最好轉到國中部去。』說完，老師繼續朗讀那本令他感到驕傲的『天書』。下午上的是基礎商業課。我因爲《莊子》最後幾篇還沒唸完，加上上午國文老師的『拂袖事件』，獄警再也不敢隨便衝進來『抄書』，於是便跟著大夥放心地讀我的『課外書』。

回舍房途中，我一路走一路想著英文老師上午所說的話。我開始認眞考慮，要不要轉到『國中部』再重頭唸起？進房以後，我還是魂不守舍。我本想找阿潭他們商量，但他們都以夠格唸『高商部』爲榮，怎可能勸我降轉到『國中部』呢？我坐在鐵窗前苦思，手裏握著還沒唸完的《莊子》。這《莊子》偶爾也引起一些獄友的好奇。『有基隆桌』獄友便曾問我，我告訴他們是『兵書』，他們也就不再深究。想著想著，已是就寢的時候。我側躺著，斜眼看著鐵窗繼續想。那是我有生以來第一次失眠。

睡不著，便再拿出《莊子》。我決意在天明以前和這本書做個了斷。讀累了，便闔起書本，看看鐵窗，這是我閱讀的習慣。第三次看鐵窗的時候，我發現窗外滿佈著星子。我想起管

訓隊大隊部的操場，星羅著巨石。剛才走過的明月，已經不見了，太陽也還未上來。鐵窗是一個棋盤。我又想起大隊部操場，兩邊司令台上沉思對奕的棋手，如今安在？我的右眼看著鐵窗外的星星，左眼望著操場上的巨石。星星和巨石，都是棋子。我開始用右手抬起星星，用左手搬動巨石。我在和自己下棋。

睡不著，便再翻開《莊子》。最後一篇了，翻書的手，累得像僵屍的枯掌，在幽冥的地界不停地摸索，尋找生命的微光。我的肉眼已然壞死，只能用心在字裏行間不斷搜尋。我是死去的人，在爲自己撿骨。忽然間，我想起前面讀過有關莊子論死亡的篇章。莊子臨死前問他的弟子：『我死後你們要如何葬我？』『我們要愼重爲老師舉行土葬。』『你們爲何獨厚地底的蟲蟻，忍心奪走蒼鷹的食物？』我想，有一天我也會死去，死得像一片落葉，如果不能飛回枝頭，那麼隨風飄到哪裏，還不都是一樣？我敬佩莊子的豁達，也領悟到生前、死後其實都不必計較。該計較的是，辛苦地活著，是否也能像草地上渺小的蒲公英，那樣辛苦地開放？看著鐵窗上生生滅滅的諸般生命，我的內心變得十分平靜，也異常興奮。我覺得我已在自己的枯骨堆中，找到了生命的『詩』。

就在此時，門外兩聲『叩！叩！』我闔起書本。又兩聲『叩！叩！』我抬起頭來。獄警揮

手叫我過去。他用手掩著鼻子：『天快亮了，你還在讀什麼鳥書？準備考大學是不是？明天不要讓我「抄到」你那本「好看的書」。』我走回來，繼續側躺著。『準備考大學』是我日裡對國文老師講的一句玩笑話，此刻卻變成獄警嘲諷我的言詞。『準備考大學——準備考大學——』我在心裏不斷地吶喊著，最後終於昏睡了過去。

如果『準備考大學』，就不能降轉到國中部，一夜的苦思，我終於想出兩全的法子。一是收集國中課本，規定自己一年內必須將它們複習完畢。二是收集高中課本，一年半以內將它們讀得滾瓜爛熟。最後半年是模擬考試和補強的時間。至於『宏德補校』的高商課程也不能輕忽，因為我必須唸完三年結業，通過高商檢定考試，才能以同等學歷報考大學。好在高商部的課程相當輕鬆，只要稍加注意，便可以通過。我寫信給母親，請求她將正在唸國三的弟弟用過的教科書寄來給我。沒想到她卻一路摸瞎跑來，在面會窗口神情愉悅地告訴我：『你國中時唸過的課本，我都還完整保留著。既然你要重讀，我就全部給你帶來了。』我一聽，當場激動得掉下淚來。

國中課本唸得十分順利，大概半年便全部讀完。當然，英語發音我還是不會，不過，我已管不了那麼多，現階段能用字母拼出字詞，了解句子的意思，才是最重要的。唸完國中課本，

我有一種全新的感覺，彷彿剛從國中畢業，心地也變得比較單純、柔軟。接下來就是高中課本的收集了。我知道不能再麻煩母親，那只會事倍功半，因爲家裏沒有人唸過高中，不可能知道高中課本是什麼玩意兒。我寫信給住在桃園當地的麗珠，厚顏地告訴她，我『準備考大學』的計畫。那是我第一次跳脫內心的獨白，對外吐露我未來要走的路。信一寄出，我就開始後悔。畢竟麗珠已是別人的養女，我這個做哥哥的，從來也沒照顧過她，如今需要她才寫信給她，我很怕會被她拒絕。然而，麗珠來了，帶著一箱高中課本。我徵詢她的意見，她說：『我覺得可行。我聽基隆娘家說你從小就很會唸書，但爲何會走到這個地步？我感到十分好奇。不管怎麼說，會唸書的還是應該去唸書，這是順其自然。像我，想唸也不見得唸得來。』麗珠和母親一樣，只帶來讀的，沒帶來吃的。我那時體重已由七十幾公斤降到六十幾公斤，預計到了大學聯考，還會降到六十公斤以下。但我不以爲意，反而覺得對一出生便成爲『童養媳』的母親和小妹感到過意不去。

童養媳

說起『童養媳』，我家族的女性長輩，問起來，竟全是『媳婦仔』。我祖母生於清朝滅亡前十三年，一出世便成爲童養媳。她三歲那年，台灣也像個『童養媳』被中國出賣，因此毫無選擇地變成日本國民。儘管是在日本國的轄下，她仍被迫按古禮綁小腳。我看過她一雙腳盤萎縮變形的可怕模樣，想像她兩腳被綁時筋骨扭曲碎裂的悽慘哀號。她長得十分嬌細，走起路來顛顛顫顫的，活像一隻企鵝。她看起來一副可欺的樣子，其實個性十分強悍。我就聽她的兩個『浪蕩子』——三叔和四叔——說過她教子的霹靂手段。從大伯以下，十個孩子，只要做錯事，沒有不乖乖跪著接受杖責的。有一次，三叔和四叔放牛時，自顧自跑到山溪裏去泅水，任牛隻到處踐踏，胡亂啃食。回來以後也不認份跪著受罰，竟仗著他們腳快，滿穀場跑著讓祖母的小腳追。他們以爲祖母只能徒呼負負，沒想到躲到深夜，摸黑上床，還是逃不過祖母甕中捉鱉的一頓杖打。雖然她聽起來是那麼嚴厲，但在我的眼中，她永遠像冬陽一樣的慈祥。

祖母上無兄長，作爲『童養媳』，第一個要務當然是『招弟』，然而，招了十幾年，曾祖母才生下唯一的男丁。由於年齡相差懸殊，和弟弟送做堆，已不適配，加上曾祖父母不願單

傳，於是便爲她做主招贅了祖父，以便生男之後抽個『豬母姓』，也算爲香火的傳承加一層保險。祖母共生了五男五女。次子是我的父親，『抽豬母姓』的，所以姓林，其餘仍姓陳。那時，生男當然是寶，女的便是『外頭家神仔』，遲早要像潑出去的水一樣嫁人的。在那個以力謀生的農業時代，女子因力氣小了點，便被視爲賠錢貨，而祖母一生便生了五個。左思右想無著，最後便聽從鄰村媒婆的建議，把她們提早『嫁出去』。也就是一出生便把她們送給有意的人家做『童養媳』，再將收來的『聘金』，原封不動送出去，等値買回五個『媳婦仔』。如此便輕易解決十個兒女日後嫁娶的問題。祖母處心忍痛的安排，其實也是迫於日本時代深山採茶人家子女婚嫁的不易。然而，時代正急遽地改變，從靜止狀態到加裝了巨輪，祖母的願望，除了實現在我父母身上以外，其餘全都落空了。

大伯父當然是配大伯母的，但後來我們卻叫大伯母爲『阿姑』。大伯是家裏唯一識字的，可能是受了日本老師的影響，他對娶自己的『妹妹』爲妻，是既不敢違抗，又深覺不妥。他和大伯母送作堆不久，太平洋戰爭便爆發了。他隨即報名參加日本『自願軍』，但報名其實是身不由己，『自願』也是被迫的。他離開台灣，隨日軍到南洋，和英美及荷蘭軍隊打仗。照理說，他應該和所有台籍士兵一樣，希望戰爭趕快過去，祈求自己能夠平安歸來，和父母妻兒重

聚才對。然而，奇怪的是，經過一整年的征戰，大伯好不容易活著回來了，卻執意留在高雄港。不管同鄉如何相勸，就是不願返回三芝老家。他說還要等下梯次的日軍一起出征，『仗還沒打夠呢！』結果一去便永不回頭。事後，家人才恍然大悟，原來他當初報名並非身不由己，『自願』也不是被迫的，他根本就不願繼續做自己妹妹的丈夫。只是，他當初出征時，尚不知大伯母已爲他懷下一個『遺腹子』。我想，如果他知道的話，一定會回來的吧！大伯母是個細白的瓜子美人，說起話來柔得像水。我五、六歲時，便老喜歡盯著她看，即使只是聽她說一句話也好。她後來在祖母的主婚下，改嫁給一個溫州人，也生了幾個好兒子。我從小便叫她『阿姑』，後來才知道原來她也是我的大伯母。

或許是受到大伯『自願從軍』的衝擊，父親和母親便選擇順從祖母的意思，也算是撫慰她的喪子之痛吧！但從三叔以下，可就沒那麼『好剃頭』。三叔和我一樣，從小頑劣的。他不識字，卻拉得一手好胡琴，那琴是隨歌仔戲班學的。當時，已是日本時代末期，他十五歲，早知道要和底下那個『妹妹』成親的，卻也和大伯一樣，心存抗拒。一日，三芝埔頭來了一個戲班，他也跟著村人下山去看戲。當時，並無所謂的『演藝人員』，只有歌仔戲明星，而大部分的音樂家也都是靠戲班討生活。散戲之後，三叔突發奇想，便一個人到後台去找戲班班頭。班

頭見他粗粗壯壯的，一副力士的模樣，覺得他要學武行，已嫌太晚，想成爲樂師，好像也不適合，加上未經父母同意，並不敢收他。三叔於是施展纏功，苦苦哀求，最後索性搶過一把胡琴，當著班頭伊呀地拉了起來。班頭一聽，覺得他是塊料子，便偷偷將他藏在班裏。翌日，讓他搭上貨車，一起奔向下一個碼頭。

幾年後，三叔帶著一個演旦角的女人回家，懇求祖母允許他們婚配。然而，祖母雖是一貧如洗，再怎麼說也算個正經人家，怎容子弟娶『做戲仔』入門？何況三叔的婚事，是自小就訂了的。因此，祖母不但斷然拒絕，也當面要求那女人不要破壞三叔早已安排好的婚事。三叔一怒之下，當場立誓，這輩子不願再娶。後來三叔輾轉流浪到基隆，那時父親已在雨港做礦工。一次，在『流氓坑』的一場四色牌賭局，得罪了一名在當地頗有分量的角頭兄弟，兩人從場內扭打到場外，最後三叔抽出懷中的佩刀，將對方殺成重傷，從此鋃鐺入獄。

四叔從小就學三叔的。他見哥哥隨戲班走了，也盼望自己快快長大，有朝一日也去天涯海角流浪一番。四叔生就一副武打明星的骨架，小時也學過幾套兵器拳腳。他在青少年時期，已是三芝淡水一帶有名的『相拍雞仔』。三叔是靠音樂細胞搭上戲班的，四叔想想自己，除了拳腳，別無所長。於是便想出一個法子——等戲班來，便去找碴。他到戲班踢館的目的，並非想

砸毀他們的飯碗，只是要吸引班頭的注意。果然，在一個節日上，戲班來了。他故意等戲散了，才去惹事，這擺明只是挑戰，並無惡意。班頭也讓隨班護航的『兄弟』出面和他較量。當時江湖比試是很君子的，不像現在以衆欺寡，還恬不知恥地洋洋得意。四叔比劃過每一位隨班『兄弟』，稍佔上風即止。最後終於引出班頭，問明來意，雙方一拍即合。次日，四叔便隨戲班的貨車，消失在駛往台北的碎石路上。在滾滾前塵中，他也是決意不娶自己妹妹的。

五個兒子，三個不從，而不從的不是死，就是失蹤。祖母的內心再怎麼不甘，計益再怎麼失算，賠了自己的親生女兒，倒養了別人的『媳婦』，她那『綁小腳』的腦袋也不得不開化了。何況屘叔的個性，比四個哥哥更要倔強。我發現在我的上一代抵制『送作堆』的過程中，只見男性消極或積極的行動，完全聽不到『童養媳』自己的聲音。如果做哥哥的並不排斥，她們也只有默默接受。不管怎麼說，祖母終於不得不承認，自己有九個女兒，不過都是『賠錢貨』。那唯一替她翻本的，就是我的母親。

母親長期以來，一直刻意避免和小妹碰面，這也是我和麗珠鮮少有機會相見的原因。『童養媳』對『童養媳』，那是多麼難堪的母女相會的場面。我可以體會母親的心情，但不知小妹心裏做何感想？抱著一箱已賣給別人做『童養媳』的麗珠送來的高中課本，我覺得自己不但愧

對小妹和母親，愧對家族所有的『媳婦仔』，面對『台灣』這個『童養媳』，我也不得不承認，自己是一個負數。

犯罪世代化

我開始讀高中課本不久，有一個管訓隊來的人，和我一樣，也是『一隻牛被剝兩層皮』。他先在工場待一陣子，再輾轉調到『宏德補校』國中部，一來便打聽著要找我。那是一個四月的黃昏，他從國中部露天浴池跑過來，劈頭便問我：『認不認識阿丁？』『認識！』『從小在一起的嗎？』『不錯！』『那我就簡短告訴你，他現在也在管訓。』『什麼？』阿丁會步我的後塵，我一點也不感到驚訝。在過去相處的歲月中，我們經常相互調侃，其實也在相互為對方做心理建設：『「管訓」是咱人生必經之途。』只是沒想到他會如此地與我亦步亦趨。因此，我還是有點不太能接受。

『阿丁現在在哪裏？』我急切地問對方，對方回答起來卻略帶猶豫：『在「新收隊」！是這樣的，我要說的是，阿丁很不幸地和他弟弟阿樂撞在一起。』我知道事情不妙，但也只能低下頭去。這是我這幾年來最害怕發生的事。自從我確定無法阻止三弟踏入江湖之後，便時常祈禱，希望上蒼不要讓我和三弟在管訓隊或監獄相遇。沒想到我的憂慮卻應驗在阿丁和阿樂身上。管訓隊的來人繼續說：『阿丁本來日子過得好好的，但一見他弟弟進來，便突然像一頭發

瘋的野獸，竟然當著官兵的面，便打起「衝鋒」來。』我當然知道後果。『阿丁當場被抓了回來，管訓隊脫逃，尤其在官兵面前「打衝鋒」，你是知道的。他被整整凌遲了七天七夜。這一切都看在阿樂眼裏。』

聽到這裏，我反而比較擔心阿樂。我想起阿丁和阿樂的母親。她是在丈夫海上遇難之後，一時承受不起打擊，而變成『瘋婆仔』的，之後便像一隻母獸般被關在精神病院的牢籠裏。『那阿樂呢？』他說：『阿樂很快便瘋了！他不斷和官兵衝突，起初還被誤以爲是「假瘋」，吃了不少苦頭。最後，連官兵們也慌了，實在不知該如何處置這對兄弟。』我聽完之後，感到無限的悲戚，彷彿那是我和三弟親身的遭遇。

阿丁和阿樂，我和三弟，雖是哥哥一雙，弟弟一對，平時不在一起，然而，一遇到事情，便會立刻組成一支凝聚力很強的隊伍。這也是我們年紀輕輕，便能在基隆賭場立足的原因。如今，阿丁和阿樂等於廢了，三弟也已被調到金門當兵，而我，天天捧著課本在監獄苦讀，早已打消出獄後『東山再起』的念頭。我很想爲阿丁和阿樂做點什麼，但此刻的我，除了拚命啃書，爭取早一日出獄，還能做什麼呢？

阿丁和阿樂悲慘的遭遇，著實讓我傷痛得日日魂不守舍。我甚至又想到『逃獄』，也開始

默默研究四周的高牆和鐵絲網，暗暗製作各個崗哨警衛換班的時間表。我想不開的心情一直持續著，直到有一天，母親又背來一大堆書本。她還是沒有帶來任何吃的，只是隔著玻璃窗興奮地說著：『我去請教過許多識字的人，雖然承受不少冷言冷語，卻也獲得一點指教。那就是大學聯考很難考，你光讀高中課本是不夠的。於是我就想，我該去請教從前教過你的老師。但他們現在到底都住哪裏？我也不知道。我到處打聽，最後終於讓我找到一位女老師。她好心地告訴我，你還要讀這些參考書。這些參考書是我叫你二姊和大哥到書店去找齊的，她們也不太認識字，諒必找得相當辛苦。』我十分感激母親，同時也不忘拜託她，代我去管訓隊看看阿丁。母親一聽是阿丁，也不容我解釋，對嘴便說：『不行！你們兩個不能鬥陣，鬥陣就有事情。不是我不答應，而是你們兩個一定要離得遠遠的。』說完，掉頭便走。我望著母親的背影，心裏還是惦記著阿丁。

扛回母親送來的參考書，我在牢房的地板上坐著，想給阿丁寫封信。拿出紙筆，才想起『新收隊』，尤其是脫逃隊員，根本就禁止通信。放下筆，我的心一陣茫然。想到最忠實的戰友，一夕之間變成廢人，我有一種被斷了後路的感覺。今後，我或許只剩讀書一途。是了！我不是早已著手『準備考大學』了嗎？『讀書』才是我唯一寄情的方式。我信手翻開母親帶來的

數學參考書，翻著翻著，竟不知不覺潛入汪洋的幾何世界。

我曾經一度想報考數學系，因爲在我最悲傷的時刻，那些複雜的幾何圖形不僅讓我忘卻悲哀，也帶給我許多樂趣。我考慮報告數學系，還有一層『利害』的考量。當時我的數理化和生物最好，雖然中文和史地也不差，卻很可能被英文給害死。加上我聽說理工科的錄取率超過百分之三十，而文科只有百分之十幾。如果我讀書是爲了早一天出獄，那就該報考較有把握的理科，特別是我覺得比較好玩的數學。

然而，當時除了高中課本，不分文理科統統閱讀以外，我也透過翻譯，涉獵了莎士比亞的悲劇和十四行詩，但丁的《神曲》，薄伽丘的《十日談》，尼采的《查拉圖斯特拉如是說》，費特曼的《草葉集》，以及當時流行的存在主義作品，包括卡繆的《異鄉人》、卡夫卡的《城堡》等。

總之，我覺得我的『心』是遊走於老莊和西洋文學、哲學之間的。更何況，我從小便立志要做一個『詩人』。在『宏德』唸高一，我便開始像集郵般，收集我所喜歡的東、西方有名的詩句，也偷偷寫一些不敢示人的『詩』。想來想去，我覺得自己不該爲了『利害』，而放棄文學和哲學，放棄尋找生命的意義，忘了『詩』才是自己從小屬意安身立命的領域。

想通了，我便斷然決定回到文科，並且大膽決定報考英文系。我告訴自己，身為一個台灣囝仔，如果我能學好中文，就沒有藉口學不好英文。沒有中文做工具，我便敲不開老莊的窄門，也無法為了『準備考大學』，拿起阿凡的《論語》、《孟子》說讀就讀。同樣的道理，沒有英文這塊敲門磚，我就無法直接進入愛默生和梭羅的心靈，詢問他們，為什麼他們明明寫的是散文，卻自稱為『詩人』？無法直接閱讀莎士比亞，朗讀他的詩作，無法直接欣賞絕大多數尚未被譯成中文的西方詩人，並向他們學習。

阿丁和阿樂的下場，雖然令我感到哀傷和徬徨，卻也令我警覺到，我目前的處境，其實並不是最壞的。發生在他們身上的，也有可能發生在我和三弟身上。說到最壞的下場，我忽然想起遠在金門的三弟。三弟從軍了，但從軍前，他青面暴烈的個性一點也沒有改變。我在獄中經常為他祈福，但也不時懷疑，他是否能順利退伍。

就在我想起三弟，莫名地為他煩憂的那個晚上，我做了一個奇怪的夢。我夢見三叔，和我關在同一間囚室。他和我並肩坐著，不是向我，而是向鐵窗傾訴他對四叔的憂慮。他說他在獄中最放心不下的，倒不是祖母，而是四叔。只要四叔不惹出禍端，不進來與他關在一處，他所

犯的便只是單純的罪，而罪是可以洗清的。但如果在獄中骨肉相遇，他所造的可就是業，而業又該如何消呢？三叔看也不看我一眼，只顧自己碎碎地唸著。我不斷大聲地喊他，直到喊出一身冷汗。驚醒之後，我深深覺得自己犯罪其實並不可怕，『犯罪世代化』的結果，才眞正令人不寒而慄。

三弟

升上高二，我已完全確定未來要走的路。爲了不讓任何『意外』壞了我的計畫，也爲了堅定自己求學的信念，我決定向阿潭和基隆桌兄弟表白。那是開學的第一天，我趁中午吃飯『基隆桌』成員齊聚時，向阿潭說：『吃過這頓飯，我就要離開「基隆桌」。我是個「大頭仔」，家裏無法定期提供援助。我借提到北監時，身上只剩五百元，過過上廁所沒錢買衛生紙的日子。這一年來，多虧阿潭兄和大家的照顧，讓我不必張羅三餐，也不必爲是否戒煙而煩惱。我曾經被逼到生命的死角，正因爲如此，我開始學會正視生命。經過這一年來的掙扎和努力，我已百分之百確定未來要走的路，那就是考大學。沒有任何人或事可以改變我的心意。我做人的原則是，只要我一天待在這個「桌」，便會將它視爲我的家族，一旦出事，我絕對會犧牲自己，義無反顧。但如今我心意已決，我要很自私地說，爲了不讓任何「意外」壞了我的計畫，吃過這頓飯之後，我就要離開大家，自成「一桌」。欠阿潭兄和各位的，以後有機會再還。我離開以後，這個「桌」無論發生任何「事故」，我都不會插手。我不能也不願失去這次機會，我一定要考上大學。』

阿潭聽完，看看大家，『怎麼樣？大家脾氣是不是要改一改？是兄弟的話，就應該護送建隆上路，不要吃飽了撐著，到處惹事。這麼大個「桌面」，一旦和外縣市起了衝突，場面會很恐怖，建隆的書也不用讀了。難怪他會想要離開。你們的意思怎麼樣？』坐在阿潭對面的阿雄，也是殺人犯，邊扒飯邊用筷子比著手勢，『是啦！新學年就要改選自治員了，桃園人要爭取，就讓他們去爭取好了。反正我們如今已是最大的「桌面」，只要我不犯人，就不會有人來犯我。這一年來，和在地的「桃園桌」相處得也還不錯，何必爲了改選的事，弄得彼此緊張兮兮的呢？建隆要考大學，已是不可能改變的事，讓他一個人離開，豈不表示我們沒有雅量配合？大家行爲收斂一點，一來可以和「桃園桌」繼續和諧共處，更重要的是，建隆也可以不必走。只要大家收斂一點，準保沒事。就算還是出事了，「一人扛衆人難，衆人扛一人易」，到時替建隆扛起來便是，這有什麼難的呢？』我看大家紛紛點頭，也就不好再說什麼。

改選自治員的事，一直令我十分憂心。監獄的自治員是可以在各工場、舍房到處亂跑的。自己的『桌』要是掌握這個職位，等於全桌一起擴張了自由。『桃園桌』因爲在地的關係，是志在必取，然而『基隆』已是最大的桌面，尤其阿潭的爲人在『學生隊』更是沒有話說。爲了和諧，阿潭其實並不想爭取，只是其他縣市的人馬不斷挑撥『基隆桌』成員，說什麼：『自治

員當然要由最大的桌面產生，「桃園桌」也未免太不把你們放在眼裏了。』就這樣，還沒有開學，『基隆桌』和『桃園桌』之間已不斷產生言語的口角和小規模的衝突。

最近也是最嚴重的一次，發生在開學前一天，地點在教室前的天體大浴池。那天傍晚，我一邊沖浴，一邊仰望雨後西天的彩虹，像浮出海面弓背的鯨豚，在夕日下反照七色的迴光。偶爾，我也欣賞同學們胸背上的刺青，我發現在衆多海的兒子身上，竟看不見任何與海有關的圖像。比如鯨豚，從管訓隊到監獄，從來不見有人刺過。大夥腦袋裏裝的盡是大陸的珍禽猛獸，不知道是什麼原因。

每天進房以前，莫說是夏日，即使在冬天，我也會脫光身子，在浴池邊舉行淨化的儀式。每沖一盆水，我便想起基督徒的受洗，恆河邊的浸浴，秦裏王澡盆上『茍日新，又日新』的鏤刻，以及華登湖裏，梭羅那嬰兒般澄明的身體。監獄中的沖浴，對我來說，是一種莊嚴的祭典，浴後有如冬蛇褪皮般的清新。沒想到嚴重的衝突竟發生在這裏。

就在我浴畢，準備著衣之際，兩個『外省掛』兄弟又在基隆桌的阿勇和阿泰面前挑起選舉自治員的話題：『什麼「最大桌」？虛的！連自治員都不敢選了，還「最大桌」，以後就別在我們面前說……』話還沒說完，左近桃園桌的兄弟已經動手了，那兩個『外省掛』兄弟也立刻

還擊。我的動作比他們更快，在他們還來不及互毆之前，我已先一步趨前，一手一個按住阿勇和阿泰，我說：『不要動，這不干我們的事。』他們兩個，一個是殺人的，一個是越貨的，論眞很難制住。好在他們圓睜著怒目，左觀右看，一時竟不知該攻擊哪邊才好。猶豫之間，其他『外省掛』和『桃園桌』兄弟，都已紛紛加入戰團。

他們從高商部一直扭打到國中部浴池。一時水花四濺，臉盆碎裂，沾血的拳頭在空氣中揮舞。沒有人注意到自己仍光著屁股，旁觀者也都一臉嚴肅。不多時，戒護科員領著大隊人馬，帶著警棍和槍枝衝了過來。有人被當場擊倒，有人被戴上戒具。在他們被押往『犯則房』途中，我聽見雙方『事主』仍在相互放話，說出來後要『抄傢伙』讓對方好看。監獄中是有傢伙可抄，而且種類不少，舉凡扁鑽、掃刀、長矛、武士刀，可說應有盡有，都是委託木工場和鐵工場偷偷鑄造的。

我不擔心『外省掛』和『桃園桌』兄弟之間的互毆會演變成械鬥，因爲雙方『事主』勢必要被打散移監。我憂慮的是這次的衝突，會成爲『基隆桌』和『桃園桌』之間大規模戰鬥的序幕。我愈想愈覺勢頭不對，卻也不便勸阻什麼，索性在開學之初，當著『基隆桌』衆人面前，表達離去之意。

阿潭再看看大家，確定眾人都願意配合之後，便把話題叉開，開始介紹高一『新生』，剛加入『基隆桌』的阿基。阿基有一條『殺人未遂』，案子還未確定，便被調去當兵。他在金門又犯了軍法，在軍事看守所待到案子定讞，才被『借提』回台灣，執行『殺人未遂』的前案。他坐在阿潭身邊，我說話時，他一直看著我，好像有什麼話要對我說，卻又識趣地打住。

回到舍房，我像往常一樣，將一只塑膠水桶擺在囚室一角，再在上面放一塊木製棋盤，便要展開一夜漫長的苦讀。就在此時，平常從不打擾我讀書的阿潭，突然向我揮揮手：『建隆，你在「學生隊」已讀了一整天，暫時休息一下，來這裏喝一杯茶！』他看看坐在身邊的阿基，再朝左邊看看我：『阿基有一些話想對你說。』我收起書本，心裏想著：『金門來的，會不會和三弟有關？』果然，阿基吞吞吐吐地：『我在金門……軍事看守所，就聽說阿平出事了……』『出事了？』我立刻打斷他：『出了什麼事？』阿基和阿潭交換了一下眼色，繼續說：『他打了輔導長……他用步槍……』沒等阿基說完，我已急火攻心，暈了過去。這一年來，我書讀得很多，覺睡得很少。平常不管阿潭怎麼勸，我夾菜的筷子總是極端保守。再加上前一陣子受到阿丁和阿樂事件的刺激，如今又遭受阿平出事的打擊，暈過去，對我來說，彷彿是一種解脫。

醒來時，我發現大牛紅著眼眶，不斷在我的鬢邊按摩。我向阿基招招手，阿潭捧著一杯熱

茶走過來，扳開我的嘴，一口灌下去，『你不必開口，我知道你要問什麼。』他回頭看看阿基，『你繼續說吧！』我兩眼盯著阿基，他緩緩地說道：『建隆你不必煩惱！阿平所犯的罪，在過去的確是要就地正法的，但現在政策好像已經改了，阿平並沒有被槍斃。我離開時，他已被送到軍事看守所。不過……』我知道他要說什麼，我的心一陣絞痛。『不過他全身是傷，尤其是胸部、腹部和背部，看起來是用步槍槍管撞的。』我愣愣地坐著，想起阿丁和阿樂。我覺得我和三弟的遭遇，其實並沒有比他們好多少啊！

我傻傻地坐著，耳邊營嗡著阿潭的聲音：『建隆！我在講話，你聽到了嗎？建隆！我了解你的心情。阿平和阿樂從小就跟在我身邊，對他們，我也有責任，但現在不是想不開的時候。我知道你足智多謀，身手、膽識也都夠，一扇鐵窗，一堵高牆，你真要出去的話，可能也關不住你。可是你要想想，那樣做不但於事無補，而且只會把事情弄得更糟，下場也會更加悽慘。建隆！聽我說，你要先安撫阿平，再慢慢打聽他的官司。還有，你的書不能放掉，你要是不想再回去管訓，就不能放棄「考大學」這個妙招。一年來，我一直很認同你考大學的構想，也很欽佩你的毅力，今後，我仍會繼續支持你。只是，你自己要先振作起來。』

第二天一出房，我立刻寄信給三弟，除了教他用雞蛋清抹在祭祀的冥紙，貼在患部療傷以

外，也要求他暫時設法壓住消息，不要讓父母知道。我告訴他父親可能已罹患令礦工們聞之色變的『沙肺』。染上那種病的礦工，十之八九都會在六十歲以前死去，有些受不了折磨的，還會提早自行了斷，而父親今年已經五十六。我故意用父親的病況來轉移三弟心中的積憤，希望他能聽我的話，冷靜處理眼前的官司，將來或許還有機會見父親一面。

我的信早上才寄出，三弟的信傍晚就來了。我坐在鐵窗下，展讀弟弟寫的信，在另一個鐵窗下。那是九月的黃昏，獄友們人手一扇，一邊趕蚊，一邊招風，我的心卻異常悲涼。三弟告訴我，他一切都『很好』！他也很想瞞住父母，但那是不可能的事。軍方已通知父母，父母也已回信。他知道父母不可能有能力到金門去看他，希望我代他安撫父母。我立刻補了一封信，告訴三弟我在牢裏讀書的情形，我要他相信我，我一定可以在兩年內考上大學，堂而皇之的回去照顧父母。

軍方審判的速度奇快，三弟被判刑十一年，而當時軍中是沒有假釋的。獲知三弟審判的結果，我立刻給父母寫了一封信，希望他們能一起來和我會面。表面上我是說要向他們解釋三弟的案子和判決的情形，其實，我是很想見父親一面。我很納悶，爲何管訓隊一別，父親就再也不曾出現？爲何僅有的幾次面會，都是母親獨自一人？父親終於來了，他緩步移動著，似乎刻

意躲在母親的背後。我一眼就瞧見他的斷掌，我國中時曾經不斷迴避的斷掌。一見面，我身上流著的血，像一陣波濤，湧向他礦工的肺，但那裏早已是一片沙灘。父親雙肩外凸，背部隆起，過去舉重選手般的胸肌已內凹成倒V字。他喘著氣，看著我。我請母親將電話筒交給他，他揮揮手。我再請母親告訴他，他不必說話，只要聽就好。父親這才用他的『好手』舉起聽筒。我說：『阿爸！你要這樣想，阿平那種脾氣，說眞的，關在裏面，其實比在外面安全得多。他在軍人監獄，三餐頂多比正規軍少吃一、兩個菜，何況軍中講究「強身」，也由不得他不保重，這點你可以放心。至於我，已經在這裏的「補校」日夜苦讀超過一年了，我有絕對的把握可以在兩年內考上大學。等我出去以後，阿平就由我來負責。你一定要撐著，到時候，我不只會還給你一個兒子，我會還給你兩個兒子。』父親離去時，他那沙紙般的臉龐，漾著笑意。

模範生

高二是我最用功的一年，這可從我身體的變化看出來。初進台北監獄時，我七十五公斤，在『宏德』唸完高一，降到六十九公斤，高二結束時剩下五十九公斤。短短兩年，我身上少了十六公斤的肉。我不但毫不惋惜，反而覺得有點像氣功修行者，藉著運氣吐納，排除體內的雜質後，有著一種心清肚明的快意，又像割除腫瘤的病患，彷彿去除的不是肉身的惡瘤，而是靈魂的膿瘡。我的體重驟降，表面原因是營養不良、疲勞過度，但其實我是可以藉運動和飲水加以抑制的。我不加抑制，任自己消瘦，因爲我很清楚，在潛意識底層，我是存心藉著自虐，達到消除罪業，回歸本心的目的。我不想在出獄後，仍在心中殘存罪惡的陰影。看來，我苦讀的目的，已不完全是爲了爭取『自由』了。

阿潭就看得出這一點。他經常這樣提醒我：『你兩年來晝夜苦讀，爲的是什麼？難道不是爲了自由？像你這樣下去，等到有一天自由了，但身體也垮了，這又有何意義？人家說：「不自由，毋寧死」，我看不健康的話，我寧可不要自由。』我說：『其實，我讀書也不完全是爲了自由，這是我後來才有的體會。』『不是爲了自由？那又爲了什麼？』『爲了自己。』『爲了

自己，就是為了自由啊！這有什麼差別？』『為了看清楚自己到底是什麼？這個『什麼』到底想做什麼？能做什麼？就像一朵櫻花，開花前，落花後，它什麼也不是。但在開花期間，它是櫻花，而且選擇在盛開時飄落在雪地上。從原本什麼都不是的「自己」，它經歷了美，甚至是極美的過程。我要先看清楚自己，然後才用有限的生命去換取。』阿潭有點不耐煩了：『你就是讀了太多「打高空」的書，才有那麼多虛浮的想法，我還以為你讀的全是考大學的書呢？像我就很實際，我一直在想，我們兄弟出身的，為什麼就一定要當散沙？要沒有組織、不懂經營管理？為什麼兄弟就只能做一些賭場的營生，不懂得跨足白道的事業，甚至變身為白道？我想來想去，還是這個比較實際，所以我讀的都是一些經營管理方面的書。』我笑著看看阿潭：『你不是都讀一些武俠方面的書嗎？』『現在不讀了。』說完，阿潭也笑了。

連一心想在江湖上出人頭地的阿潭都承認，他看的都是一些經營管理方面的書，誰能否認『宏德補校』的讀書風氣已逐漸形成了呢？據我的觀察，『學生隊』成立兩年後，不管是為了日子好過，還是抱著『加減讀，有好無壞』的心理，總之，幾乎沒有一個『學生』是完全不讀書的。我所謂『讀書』，是色情、武俠除外，和課本有關才算的。『經營管理』當然是高商的課程，但有人更為『實際』，整天敲打著算盤，練習簿計、會計和傳票。有人專學英語，有人

獨鍾古文，有人拿簡單的數學方程式當做日常遊戲，有人唸歷史，有人看地理。每節下課，我都忙得很不寂寞，有人找我詮釋古文，有人找我幫忙解方程式，有人來討論英文文法，就差沒人觸及三民主義。就連不知何年何月才能考大學的阿明，也被這股風氣感染，三不五時過來挑戰眞的很難的數學題。我也因帶動讀書風氣，被推選爲『宏德補校』的『模範生』。小學時，我年年考第一，儘管愛打架，也是當然的『模範生』，國中時也是。如今再度當選，眞教我哭笑不得。

『宏德補校』的資訊十分缺乏。『校方』除了聘一些高商老師進來兼課，就只做些戒護的工作。戒護人員不是警官就是警校出身，有的甚至只是約雇人員，對考大學普遍沒什麼概念。加上在我之前，沒有任何『學生』考過大學，因此，『校方』既無法也不認爲應該提供報考的資訊。要想考大學，一切只能靠『聽說』，我就曾被一位獄警騙過。那是高二下學期結束以前，有一次下課，我拿著一本《論語》，邊讀邊踱向走廊盡頭的廁所。一位獄警擋住去路，我主動把書交給他，他看過封面，再翻翻內頁，顯得相當失望：『要考大學背這個喔？一本才幾個字？』我說：『那……』他把帽緣拉低，不讓我看清他的眼睛和鼻子：『要背就要背《孟子》，《孟子》知道嗎？像我就是不會背，才考不上大學。』說完，擦身而去。他後面那句『像我就

是不會背，才考不上大學』，讓我完全相信了他。回到教室，我立刻向阿凡借來《孟子》，坐下來就背。一連背了十幾天，把整本《孟子》背得滾瓜爛熟了，才又『聽說』考大學不背這個。

那也是通往廁所的路上，一位『教誨師』擋在前頭：『邊走邊唸什麼書？』『報告教誨師，我在背《孟子》！』『爲什麼背《孟子》？』『我……我要考大學。』教誨師把帽沿拉高，笑出兩顆爆牙：『考大學要背《孟子》？這我還是第一次聽說，難怪當年我怎麼考都考不上。哈哈！告訴你，你要讀的是《中國文化基本教材》，這本書佔國文科分數不到五分之一，而《孟子》又只是其中一部分而已。你這樣唸，方向根本不對，怎麼考大學？對了！這本《孟子》你背了多少啦？』『報告教誨師，整本都背下了。』教誨師瞇著眼，叫我背一段看看，我就背一段看看；他再瞇著眼，叫我背另一段，我就再背另一段。他掩起書本，不敢置信地說：『你準備考大學多久了？』『兩年了！』『國英數史地三民主義各科都唸得怎麼樣？』『都唸過了！』『那爲什麼還背《孟子》？』『我聽一位獄警說……』教誨師立刻知道怎麼回事。他先揮揮手，再拍拍我的肩膀：『唸過的，還要複習，沒唸過的繼續唸。哪一天我幫你買一本模擬考卷進來，你到我辦公室做做看。有事來找我，不要隨便「聽說」。』

高二結束了，整個暑假都被關在牢房。有一天上午，鐵窗的知了大約『知了』一個多小

時，突然整個舍房清涼了起來。門開處，一位獄警高聲喊著：『林建隆！跟我到教誨師辦公室！』我一向皮慣了，故意東摸摸，西摸摸，就是要等到走廊上的抽風機完全嘉惠我們的舍房，才甘願走出去。我拖著拖鞋，跟在那獄警背後。他一路走，一路拉低帽緣，我知道他是誰。我故意背一段《孟子》讓他聽，他把帽緣拉得更低了。

到了辦公室，教誨師從抽屜拿出一大本不知是什麼的東西。他半坐半站，彎著腰，將那東西一張一張小心撕下，嘴裏不停唸著：『不必按照正式考試的時間，你答一張，我核對一張，中午以前應該就可以完成。怎麼樣？體力還可以吧？反正不會的就空著，專挑會的寫。』我意會到那是模擬考卷，一時間大腦暈眩起來，血脈賁張到連一個『謝』字都謝不出來。坐在教誨師面前，我像蒼鷹攫兔，用利筆飢渴地捕捉獵物。教誨師進出辦公室好幾回，我卻連頭也沒抬起過。一連答了五份試卷，才聽得一聲：『好了！三民主義和國文作文不用寫了。』我喝著教誨師遞給我的葡萄汁，看著他核對最後一科的分數。一會兒，他說：『這五科，不算國文作文成績，咳！如果我沒有算錯，你應該就可以考上國立大學了。要是再加上國文作文和三民主義，就算只拿一半分數，也應該是第一志願了，咳！如果你沒有作弊……』

教誨師嘴裏碎碎地唸著，我的心一陣陣激動：『可是……』『可是什麼？』他拿下眼鏡，

想要繼續問，我也想要繼續說，兩個人卻都同時沉默了。我知道該由我來打破沉默：『我知道你知道……』『你知道我知道什麼？』教誨師重重地坐回位子。『我還要回去管訓！』『我知道你是從管訓隊「借提」來的，可是，連我也不知道，你又怎麼知道你還要回去管訓？』說完，教誨師站了起來，還是拍拍我的肩膀：『回去吧！不要想太多！你都還未報假釋呢！還談什麼管訓不管訓。你開學升高三？』我說：『是！』『高二唸完就有這樣的成績，你是怎麼搞的？怎麼搞的？』我看他再沒什麼好『唸』的了，便告辭離去。門口畢恭畢敬站著，那個騙我背《孟子》的獄警。走沒幾步，教誨師又叫住我：『對了！每一兩個月，我們就來做一次模擬測驗，我幫你買了一整本考卷，說不定下次你不會考得這麼好。』我點點頭，再搖搖頭，然後拖著拖鞋，隨『孟子』回到舍房。

大學夢碎

高三了，和我一樣刑期五到七年的『同學』，都伸長著脖子，紛紛打聽假釋的規定，計算自己每月累積的分數，等著要『報假釋』。要是『校方』以『尙未完成學業』爲藉口，拖延他們假釋的日期，肯定會有人用自殺或暴動的激烈方式加以抗議。沒有人會在乎『宏德補校』的什麼鳥文憑。但我的心情和他們完全不同。如果教誨師依法在我刑期過半，也就是上學期結束以前爲我申報假釋，以我在『宏德』的表現，法務部沒有不准的理由。一旦我獲得假釋，擺在眼前的便只有兩條路。一是被送回警備總部那個『地下監獄』繼續管訓，那不但眞的獲得『假釋，我兩年半的心血也將白費，我的『大學夢』也會一併消失。另一條路是不必去管訓，那麼，我是眞的獲得自由了。問題是，回到社會，我還會繼續唸書嗎？就算我『準備考大學』的意志堅定，背著監獄裏帶出來的書，躲到海鄉一隅，繼續苦讀，但沒有『宏德補校』的結業證書，就不能參加省教育廳的檢定考試，不能取得同等學歷，我拿什麼考大學？我曾經告訴阿潭，我讀書並非完全爲了自由。眞的，像這種犧牲學業、放棄夢想的『自由』，我寧可不要。

自從掛上『二級囚犯』的名牌，調到『二級房』以後，我就『瞎子吃湯圓，心裏有數』，

教誨師已決定爲我申報假釋了。問題是，這『湯圓』我不能吃！『二級房』像一具棺木，切成長方兩塊。左長方擺兩張上下舖的鐵床，睡四人。右長方是水泥地含廁所，散步時，一次只容一人，因此必須輪流。記得臨調來二級房前夕，同桌的大牛、阿雄，還有『桃園桌』的兄弟，不斷好心地提醒我，如果被調到現在這個舍房，最好要求轉調。他們的理由一致，這房裏曾經吊死一個囚犯。『那有什麼關係！這世界才多大？哪個角落不死人？就連我們現在說話的地方，也可能吊死過不少人呢！』我鐵齒地反駁，卻忘了謝謝他們。

阿雄說話前，先骨碌著眼珠，『可是這一個不同，他跟你一樣，是管訓隊員，但他是被冤枉的……』我故意拉開嗓門，插了一句：『但我也是被冤枉的！』圍成一圈，正準備聽鬼故事的室友們，突然像開花一樣，全都笑翻了。阿雄以仰臥起坐的姿勢坐了起來，笑著繼續說：『在管訓隊時，他無地投訴，也不敢自殺。聽說在那裏自殺未遂的話，比死還要可怕。後來，他被借提到這裏，執行殺人未遂，他殺的是妻子的姦夫，聽說是有錢有勢的。一來到這裏，他就開始用書面到處陳情，從新收房一直陳情到二級房，整整陳情了三年。他說他甘願服自己該服的刑，因爲他眞的殺了那姦夫，只可惜沒將他殺死，但「流氓管訓」絕對是遭那姦夫陷害的，因爲他根本不是什麼「兄弟」。也的確，問題是這是什麼時代？不只警察的權力無限上

綱，就連調查局、憲調組、警備總部等也都有權「提報流氓」。只要收些好處，或純粹只是做個人情，隨便捏造幾個證人，編寫一些證詞，便可以把鎖定的「對象」抓去管訓。反正證人又不能曝光，證詞也不必讓「流氓」看，再加上不用經過起訴審判，要設計一個「倒楣鬼」，簡直就像「桌頂捻柑」那樣容易。』

『後來呢？陳情沒有結果就上吊啦？為什麼不等出去再……』我聽了，心裏一陣戚戚。在新收隊時，我就遇過好幾個被冤枉來管訓的，至於聽來的冤案自然也就更多。然而，因冤情難雪，憤而自殺的，在管訓隊雖也時有所聞，卻不像此番這般貼近，我可能明天就要住進『他』上吊的房間。大牛睜著銅鈴似的大眼打斷我，『還等出去？你又不是不知道，出去就又回去管訓了啦！結訓以後，很可能還會被抓去「再訓」。誰叫他在這裏到處陳情，隨便亂講話？』我說：『多謝你們的提醒，但我也不一定會調到那個房間，就算調進去了，我想，應該也不會怎麼樣才對。』

阿雄似笑非笑地說：『其實也不會怎麼樣。「他」只是偶爾會在夜深時化成一道白光，時隱時顯，顯時，聽看過的人說，竟是一條長長的舌頭。那長舌偶爾會在冬夜發出陣陣淒厲的叫聲，如此而已，沒人眞正被捉弄過。但是，因為你和「他」一樣，來自管訓隊，又在這裏讀過

那麼多書，我們很擔心，「他」會去找你哭訴。』

我果眞調到他們所說的那個舍房，但並未要求轉調。我執意住進去，一是圖個清靜，二來倒也希望夜半時能聽到『他』的哭訴。那表示我讀過的書眞的夠多，已夠格接受冤魂的敬仰和付託。可是事實證明，我的才學仍淺，傳說中的那道白光並不曾出現。我眞正看過的，其實是偶爾鑲住我夢的邊緣的陣陣紅光。如果讓大牛和阿雄來解讀，『紅光』一定是意味著那鬼在替我加油，希望我考取功名之後，能爲『他』伸冤。

在『二級房』，我很少走動，整晚端坐在靠窗的上舖，不是讀書，便是望著『鐵窗』，一遍又一遍請教我眞正的『老師』：『有「爭取自由」而不可得的，但有「放棄自由」而不可得的嗎？』每個夜晚，苦讀之餘，我都會陷入這樣的迷思。最後，我決定爲『放棄自由』，展開一切的努力。

記得教誨師曾經告訴我：『有事來找我，不要隨便「聽說」』。我和教誨師之間，因爲每一、兩個月都要碰面一次，我做模擬考，他核對分數，已建立一定的互信基礎。但一個囚犯，臨時有事，想見教誨師也不是容易的事。我打了一張報告，先求主管，再求主任、科員，一個一個加以說服，才得以層層上報，一個星期後才好不容易獲得教誨師的召見。我一進辦公室，

開門便說：『我要請求延期假釋！』教誨師半張著口，一時答不上來。『我要請求延期假釋……』他有些急了：『我知道！但這不是我能決定的。』『誰能決定？我不想提前出獄，我自願多關半年，難道不行嗎？你們在獄中設立補校，目的何在？我都已讀了兩年多，我的刑期五年，應該可以唸到結業的，爲什麼要把我送走？』我愈講愈大聲，兩邊的獄警睜大了眼睛。教誨師更急了：『我說過這不是我能決定的。哪一個囚犯刑期過半就該報，哪一個囚犯既使關了三分之二也還不夠格，部裏都有明文規定。我不能違反規定，不能說要報誰就報誰，不報誰就不報誰。』『但你知道我要……』我把口氣緩和下來，但還是被教誨師打斷。

『我知道你要考大學，我也知道你一定考得上。問題是，光我知道有什麼用？想想看！你要見我一面，得經過多少關卡？我要讓上級知道你的個案，知道你不是爲了逃避管訓，其實你還是爲了逃避管訓，你知道這有多難？何況還要讓部長明白，不但明白，還要相信呢！面對上級，或許我還能爲你講上幾句，但面對部裏，我的聲音是微弱的，甚至根本就發不出聲音。』

聽著聽著，我仰起頭，望向鐵窗外的高牆，一點墨黑的麻雀，吱喳在牆垣，沒有一朵白雲，是管閒事的。和教誨師商量的結果是，我寫一份陳情書，由他轉呈，批准便好，駁回的話，假釋還是得按規矩報。寫陳情書時，我的態度是樂觀的，我認爲只要教誨師願意代爲轉

呈，只要部裏的承辦官員看到我的陳情書，一定會有好的結果。我相信『宏德補校』存在的意義，相信『校方』辦學的動機；我相信自己的努力，相信模擬考的成績；我相信教誨師，相信法務部大官們的智慧。

我申請『延緩假釋』，要求『多關半年』的消息，很快便傳遍整個『學生隊』，連各工場舍房也開始在茶餘飯後熱烈討論這個話題。很多老囚犯聽到這個『新聞』，都無法置信的直稱這是監獄史上前所未有的例子。有的說：『騙猸仔！自己認爲修養不夠，主動要求多關半年，有哪一條法律能加以駁回？』有的說：『很難講，「這國的」辦事，很難用常理加以分析，何況拒絕假釋，本身就不合常理。』同意前者的囚犯說：『有什麼不合常理的呢？人家在「宏德」唸書，只差半年就畢業了，而且還要考大學呢！如果沒有把握考得上，何必讓它多關半年？』贊成後者的囚犯也急著說：『可是這傢伙是從管訓隊「借提」來的，他唸書的動機，考大學的目的，在在值得懷疑。』總之，我是在衆說紛紜的情況下，耐心地等著。

每天，我照常到『補校』，照常回『二級房』，繼續琢磨考大學的利器。偶爾，我也會靜靜聆聽同房室友的警告：『不要太相信教誨師！不要太相信監獄！更不能太相信司法部！這是什麼時代？戒嚴咧！動員勘亂時期呢！「寧可錯殺一百，不能放過一人」，才是最高的指導原

則，他們很清楚，表面上他們代表司法，其實警備總部才是眞正的「錦衣衛」，管訓隊才是實質的「東廠」。多少思想犯被以「流氓」名義關在那裏，什麼「國際特赦組織」又能如何？總歸一句，他們根本不敢得罪警備總部。既然把你「借來」，就沒有理由不在假釋後歸還。下自教誨師，上至司法部，誰敢擅自延緩你的假釋？所以，你要事先做好心理準備！』這話，我聽進去了，但總覺得不對：『可是，我並不是什麼思想犯啊！』『整個司法體系，誰敢大膽心證，認定你不是思想犯呢？』每聽到這樣的說詞，我總是靜靜地躺著，凝視『鐵窗』，任八根欄柵預卜我未來的命運。

司法部的公文下來了，答案是『駁回』。那是教誨師親口告訴我的。有人提醒我：『要眼見「公文」爲憑。』但我相信教誨師，如果連他都誑我，那我再怎麼掙扎也是徒然。我沒有掉下一滴眼淚，只是望著『鐵窗』欄柵上串串的朝露。我發現那些露珠，沒有一顆會輕易地滴下。我想起希臘神話，那個推石頭的薛西弗斯。想起在管訓隊挑土的情形，從山上挑到山下，再從山下挑回山上，把西山挑成東山，再把東山挑成西山。我甚至想起過去在賭場的荒謬，把輸掉的錢贏回來，再把贏來的錢輸掉。模擬考卷上的分數，就像薛西弗斯的巨石，那是我花了兩年多的時間才推上山頂的，如今，又得眼睜睜看它滾落山谷。我是否還有勇氣走到谷底，再

將它推上山頂呢？

我當機立斷，決定拋掉書本。每天天還未亮，我便起來運動，伏地挺身、仰臥起坐、蛙跳、倒立、原地跑步，我必須及早適應管訓隊的生活。然而，並非整天運動就能排遣鐵窗的漫漫長夜。每逢更深人靜時，我還是會奢想，像薛西弗斯那樣，獲得天帝的允諾：『有一天，巨石將不會再掉下來。』然而，前提是薛西弗斯還得繼續推動那巨石，想到這裏，我又拿起書本。

我最後的希望是，教誨師報出去的假釋『不准』。可是不准也得准，誰叫我在『宏德補校』的表現超乎常人的好呢？公文下來那天是上午，寒假還沒有結束。那時大牛是很活躍的雜役，可以在整個校區，甚至校外暢行無阻。通常他來找我時，都是活蹦亂跳的，那天早上，卻像一條死魚隨暗潮漂過來：『建隆！教誨師找你！』我意會到命運已卜，叫大牛幫我整理一下東西。還未走到樓下，教誨師已在樓梯口等著，我發現阿潭也在場，他靠在牆上。教誨師顯然已和阿潭溝通過了，他害怕暴動。我反身抱住樑柱，阿潭和教誨師走過來，我說：『叫大牛把我的東西搬下來！』

我扛著行李，謝過教誨師和阿潭。再回頭，我發現『基隆桌』、『桃園桌』、各桌的兄弟，

阿凡和阿明，還有那些平日不相往還的外省掛『同學』，全都『闖』了下來。他們面露失望，甚至絕望的神色，任獄警再怎麼驅趕，也不回樓上的教室。我向大家深深鞠個躬，揮揮手，轉身逕往象徵『生死輪迴』的中央台走去。

3 重回管訓隊

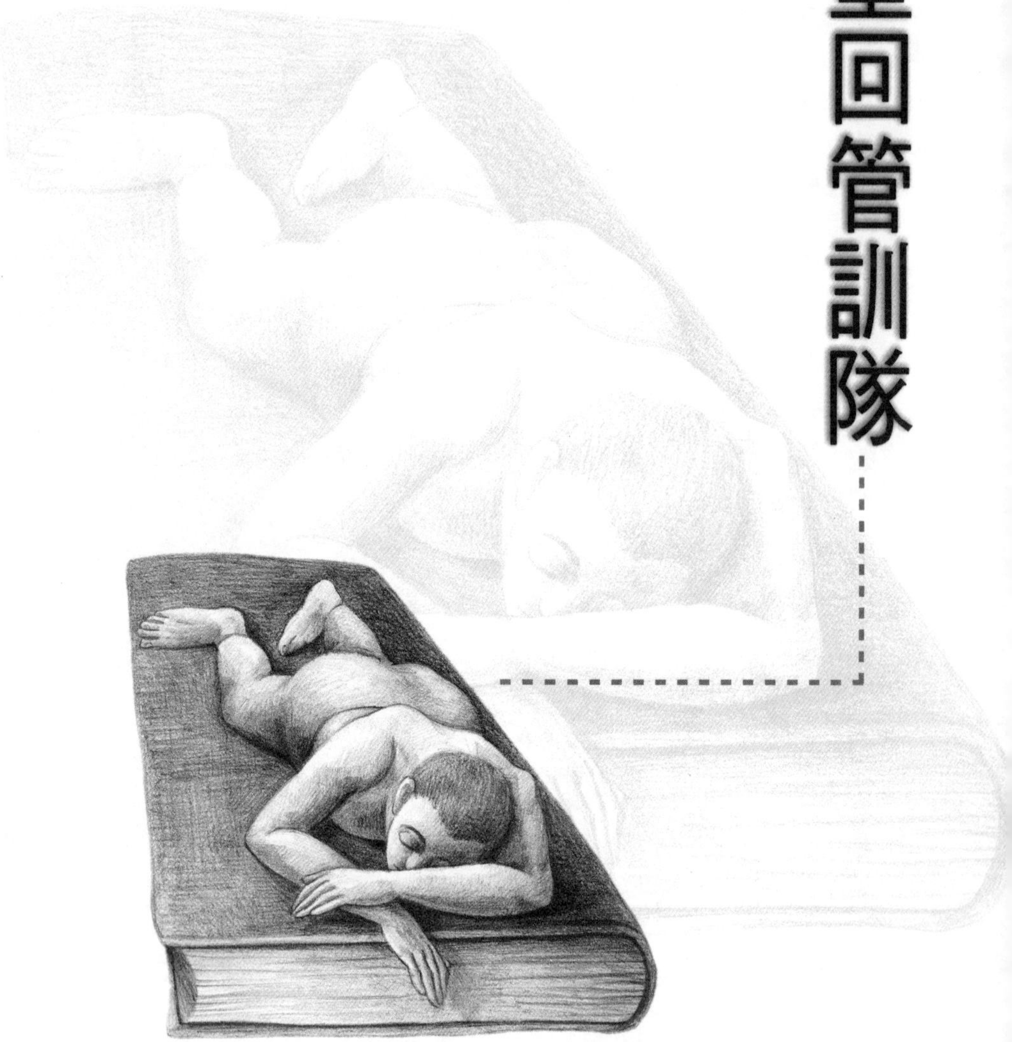

命運的轉盤

中央台是圓形的，像個命運的轉盤。在這裏，有人目光呆滯，不敢想像未來的日子；有人戴著腳鐐，等待移往另一個監獄；有人飽受凌虐，被關入囚室中的囚室；有人興高采烈，準備迎向璀燦的新生。我是出獄的人，照理說應該背著行李，吹著口哨，輕鬆邁向中央台才對，然而，我的步履竟是如鉛的沉重。我早已將中央台視為監獄到地獄的轉運站，只不知待會兒送我上路的，會是牛頭還是馬面。

牛頭馬面一起在中央台等著。牛頭是警備總司令部的鬼使，馬面是基隆地方法院的神差。我明知自己只能在鬼使神差之間做一抉擇，但天性搞怪的我，偏偏轉向中央台：『我今天出獄，請給我「假釋證明」！』中央台的獄警愣在那裏。『怎麼？沒有「假釋證明」，叫我怎麼出獄？』我看也不看左右兩邊的牛頭馬面。此時，中央台一位警官走了過來，『是這樣的，你當初是從「管訓隊」借提來的，但借提單位不是我們，我們只負責執刑和釋放……』『那你們就應該將我釋放！』我不耐煩地說。『是這樣的，借提單位是當初判你刑的基隆地方法院，所以……』『所以什麼？基隆地方法院判我的刑，我已經服完了。請你看看我的「假釋證明」，

上面不是明明寫著「在本監執行期中，行狀善良，悛悔有據，符合假釋條件」的嗎？我今天就要出獄了，每一個獲得假釋的囚犯不都是這樣出獄的嗎？基隆地方法院到底還派人來幹嘛？』我把頭轉向警備總部的鬼使：『那你們呢？你們又來幹嘛？你們有拘捕令？有起訴書和判決書？在法律上，我已經是一個自由人，你們想綁架我嗎？』警總的鬼使面面相覷。

中央台的警官先示意法院的神差亮出公文，然後以一種調停的口吻說：『是這樣的，當初借提你來執行的是基隆地方法院，如今你已執行完畢，所以他們才行文要來領你回去……』他的話還沒說完，兩名法警已衝了上來，在我的手腕加上手銬。我沒有反抗，因為我面對的是法院，而不是『地下法院』的手銬。我暗暗嘲笑自己，哪有人像我這樣，連腳都還沒有踏出監獄，就又被逮捕了。另一方面，我也在嘲笑這個政府，為什麼不敢給我一個公開、合法的審判？面對『流氓』的指控，其實，我並不覺得冤枉。我看看手銬，再看看警總的鬼使，心想很快就會與他們再見，畢竟被合法的馬面拘捕，最終還是得交給非法的牛頭。

到了基隆地方法院，我不是被帶到候審室，像一般打官司的民衆那樣，而是被關入等候開庭的臨時拘留所。那拘留所十分窄小，只能站，不能躺，因此俗稱『站籠仔』。『站籠仔』關的不是在押的被告，就是準備收押的人犯，我暗暗覺得不妙。約莫過了一個時辰，『站籠仔』

的門開了。對我來說，那一個時辰是十分難捱的。在台北監獄兩年多，我可以說是手不釋卷，除了睡覺，從未有過一個時辰不讀書的經驗。

我被帶到第一偵查庭。那偵查庭我是熟悉的，面積約五、六坪，檢察官背著國父，面對蔣公，左邊是蔣總統，右邊是法警，前面用繩杆圍著，看起來格局不大。檢察官黑黑瘦瘦，短小的身材給人一種老成的錯覺。我看看他的眼睛，那瞳仁就像樹幹的年輪，錯不了的，他比我年輕。我站在他面前，等待他的偵訊。他低頭看著卷宗，問我人別時，還是低頭看著卷宗。人別問過後，便再也問不下去。我看得出他的心虛，但也知道不能用言語加以刺激，於是便和緩地說：『報告檢察官，我能不能提出一點小小的請求？』『你說！』他抬起頭，像個受審的嫌犯。我環視周遭『偉人』的肖像，具體意識到他的渺小，因此也不想爲難他：『今天是我假釋出獄的日子！』他說：『我知道！』『但警備總部卻要來抓我去「坐牢」。』他又把頭低下去，假裝看著卷宗。我只好面對國父，繼續說：『沒有檢察官的拘票，依法沒有人能逮捕我；沒有法院的起訴和判決，法律也不允許任何人監禁我。我入獄前已被警備總部非法逮捕監禁過一段時日，今天我出獄了，他們又等在外面。我知道連你們也拿他們沒辦法，可是……』檢察官緩緩把頭抬起來，好像不嫌我話說得太多的樣子，『你繼續說！』『我在台北監獄附設的「宏德補

校」苦讀了兩年多。』『爲什麼要苦讀兩年多？』『準備考大學！』『考大學？』檢察官兩眼翻上額頭，此刻他已不是在偵訊，倒像在和我閒聊。『是的！準備考大學，而且我模擬考的成績已能上第一志願。我不要求你相信，這很難令人相信的。我只求你代我發一張公文給管訓隊，希望他們能讓我繼續唸書，不要剝奪我考大學的機會。另外，我行李裏面裝的全是教科書和參考書，我時時都要閱讀的，待會兒進了看守所，希望你能交代所方，請他們把書還給我。除此以外，我不想再說什麼。』檢察官也無法再說什麼，他又把頭低下去，兩眼瞪著卷宗。望著檢察官低頭發愣的樣子，我忽然明白，原來他是因爲想不出收押我的理由，而陷入兩難，檢察官其實也是失去自由的。『應無所住，而生其心』，我想起老和尙，想起鐵窗，竟而憐憫起檢察官來，我提醒他：『我是從管訓隊「借提」來的！』檢察官一聽，立刻抬頭，對著我苦笑，然後在收押條上寫下，相對於『借提』兩個字。

一關進看守所，我就請熟識的獄警火速去通知母親，母親也立刻趕來。一見面，她便抱怨連連：『這天壽監獄，明明寄公文來，通知我今天早上去領人。我天還沒亮就出門，到達監獄，他們還沒有開始辦公。我就在門口等，但一直等到中午還不見你出來。他們到底什麼時候把你送來這裏的？』『今天下午！』母親的苦水還沒吐完：『他們自己都不按規矩了，教百姓

怎麼守規矩？哪有愛關哪裏就關哪裏，愛關多久就關多久的？判罪也關，不判罪也關，讓我們做父母的，像瘋子一樣跑來跑去。怎麼樣？不是說今天就可以出獄了嗎？』『我在管訓隊還有一些行李。』『那種行李，不要也罷，反正你帶回來，我還不是把它燒掉，觸楣頭是有的，何必再去拿？』『我在管訓隊還有一些事情要處理。』母親一聽，眼淚潸潸地流下：『你別想騙我，我知道你出獄後還要再去流浪。其實，我今天來，也是順便要告訴你，今後，你可以不必再流浪了。過去，我們家只有九坪大，說實在的，也沒地方讓你住。但現在，我們已加建了二樓，那是用你父親半額的勞保退休金蓋的。』我好奇地問：『為什麼是半額？』母親憤憤地為父親訴說著不平：『你父親十三歲就做礦工了，那是日本時代，八年後換成民國。民國也不知幾年，才開辦勞保，說什麼要做滿卅年才能領全額。你父親算一算，起碼也做了四十幾年，但他們的算法不一樣，只能領半額。你父親本想再多做幾年，好領全額，無奈染上了沙肺，想做也是力不從心。何況，打聽周遭的老友，也沒人領過全額的，於是也就死了這條心。』

母親講到這裏，忽然覺得話題被我岔遠了，看看腕錶，趕緊又回到正題：『對了！你不是說要考大學？』我聽了，心裏一陣酸楚，但也只好順著她的桿子爬：『是啊！就是因為要考大學，所以才不能馬上回去。妳想想看，我一回去，那些賭客、賭友，還有妳所說的那些「王哥

柳哥」，又會立刻把我包圍住，那樣，我還能唸書？還能考大學？所以，我最好還是先在這裏住一段日子，再到管訓隊去，和他們商量一下，看看能不能收留我，讓我在那裏專心唸書，等考上大學再回去，妳說好不好？』母親深深地凝視我，發現我的兩個黑瞳仁並未狡猾地閃躲，才無奈地嘆了一口氣，『其實早在你入獄前，我便到處爲你求神問卜，入獄後也一樣。奇的是，問出來的結果竟然都是一樣，都說你年輕時「命帶官符」，會有牢獄之災。我請示破解之道，卻都說不必破解，說你不論走到哪裏，都有「貴人」相助。還說……』母親在吞吐之間，臉頰忽然轉紅，兩眼射出希望的光芒。我樂見那樣的光芒，它不僅令我的心溫暖雀躍，並且在裏頭注入無比的力量。我鼓勵母親繼續說下去，『神明還說什麼？』『還說……你將來會是一個有出息的人。說我前半生雖是「業命」，注定牛馬一般的勞碌，但老了以後，我的命會很好很好……』『那很好啊！』我看獄警從面會室出入口走來，便提醒母親：『時間到了！媽！妳放心好了，神明說的沒錯，妳的命一定會很好很好的。』母親又像放心，又像不放心，邊走邊回頭地離去。

一隻螃蟹

新收隊已是人事全非。阿鐵脫逃將近三年了，音訊全無。我斷定他已逃出台灣，否則，不可能不間接與我聯絡的。阿丁和阿樂？他們在這裏的遭遇，已少有人記得，只剩一、兩個『保安』老隊員，問起來還會唏噓。至於他們的去處，沒有人能告訴我。新收隊的景物依舊。前方山谷底下，大隊部的操場，操場上仍未腐蝕的巨石。左邊平台盡頭那座土山，仍然矗立著。而右翼那座小丘，已被分成兩座，隊員們挑著土石，像螞蟻一樣，來回走著。營房前面的操場，空蕩蕩的，操場外的柏油路上，匡啷匡啷，傳來脫逃隊員翻滾時重鐐敲擊地面的聲響，四周陡峭的群山同時啷匡—啷匡—地回應著。我在中山室，望著散落一地的教科書和參考書，衛兵在我的腳踝鏘鏘地釘著重鐐。此刻，我完全可以理解，阿丁當初為什麼會發狂，阿樂後來又為什麼會崩潰。戴著九公斤的長方形腳鐐，我像一隻螃蟹，橫著走出中山室。腳鐐是沉重的，但我的心並沒有跟著往下沉，它只是納悶。一般新收隊員只戴三公斤的腳鐐，六公斤是專門伺候那些小過不斷的，九公斤則必須有脫逃或自殺的企圖，我剛從監獄苦讀兩年半回來，何時企圖脫逃或自殺？除了納悶，我心裏也覺得很不是滋味。匍匐在柏油路上的都是十二公斤的腳鐐，他

們至少都曾成功地脫逃過，而我根本連『企圖脫逃』也談不上，卻得莫名其妙戴著九公斤的腳鐐，和他們一起接受這種煎熬。混在他們之中，儘管腳鐐較輕，翻滾起來腦部所受的震盪也較小，心裏卻莫名地產生一種『同儕壓力』的自卑，這是另一種不是滋味。

雖然白天我必須和脫逃隊員一起受折磨，然而慶幸的是，夜裏我不必像新抓回來的脫逃隊員那樣，被吊起來睡，也不必像抓回來較久的，要站著睡到兩點才能躺下。我可以和新收隊員一起活動，等上完《領袖遺訓》，晚點名過後，再利用熄燈前約一小時的寫信時間，將記憶中較難的數學公式和英文字句，抄在撕成碎片的信紙上。翌日，一得到幾秒鐘的喘息時間，便取出一片信紙，過目後，立刻揉成紙粒丟掉。

我還有另一種不看書的讀書方式，那就是利用『做夢』。這聽起來很玄，其實只要心思集中，做起來並不難，只是效果有限。每晚，一聽到熄燈號，我就立刻閉上雙眼，開始在國文、史地和三民主義課本裏，搜尋儲存於大腦記憶體中較生疏的部分。每找到一處，就反覆加以默讀，直到記熟爲止。然後再繼續搜尋。這樣不斷搜尋，反覆默讀的結果，也就逐漸入眠。妙的是，入睡之後，我在腦中搜尋默讀的動作並未停止。儘管偶爾有夢，然而夢醒之後，我發現夢裏的情節或許冗長，但做夢的時間其實很短，夢過之後，大腦便又自動展開搜尋默讀的動作。

由於考大學的意志非常集中，偶爾出現的夢，也和大學有關。有一次，我就夢見，自己穿著素白小領的長襯衫，水藍略舊的牛仔褲，騎一輛二尺八的舊式腳踏車。後面載著一個年輕女孩，也是白衫牛仔，不同的是，她的襯衫有著可愛的箭袖，領口用綴飾結成輕盈的小蝶。她的身姿玲瓏、肌膚雪白，鵝蛋形的臉，隱然有西洋女孩的輪廓。她肩上背著書袋，手裏抱著一本厚厚的原文書，那是我的。腳踏車後座，長長的秀髮飄著，車輪輾過尤加利樹的樹影和教堂的鐘聲，雜在衆多大學生之間，我們正趕著去上課。還有一次，夢得更加離譜，我發現自己和許多大學生一起，走過一條長長的穿廊。最後，我在一間大教室門口停下，此時，上課的鐘聲正好從椰子樹梢緩緩飄落。我走進教室，發現所有的座位都已被青春的臉孔佔據，我不知道自己該坐哪裏。偌大的教室，只有一個位子是空的，那是講台上教授的座位。我迷迷糊糊地走上講台，最後竟在那個空位坐下。我很怕會被學生轟下來。果然，學生們衆口一聲：『老師好！』我禁不起驚嚇，當即醒來。

在睡夢中讀書，當然不可能被發現。但在白天，我每讀完一片信紙，便丟棄一顆小紙粒的動作，早已引起脫逃隊員的注意。也不知是誰檢舉的，總之，我被叫到輔導長室時，他的辦公桌上，已堆著數十顆小紙粒。上尉輔導長低著頭，細讀其中一張已然拆開的信紙片。讀完後，

他抓一抓深藍軍帽的鬢邊，然後抬起頭，『你這寫的是什麼啊？』說完，把紙片交給我。『報告輔導長！是數學公式。』『數學公式？』他伸手把紙片要回去，再細看，臉上一副『果然』的樣子。『那其他的呢？其他的紙片都寫些什麼？你一粒一粒拆開來我看！』我向前挪移一步，腳鐐『卡！卡』兩響，開始拆那些小紙粒。像拆標會單一樣，我拆一片，他讀一片，讀到最後，他的嘴角不禁漾出得標者驚喜的笑容。

『你都抄這些小紙片做什麼？』說完，輔導長示意我坐下，但我還是站著，『我在默背。』輔導長笑得更友善了，『我知道你在默背，我是問你背這些數學公式和英文字句做什麼？』『準備考大學！』『「準備考大學？」在這種地方「準備考大學」？哈！……』輔導長笑完，用手撐著下頦，想了想，繼續問：『那天我走過中山室，正好看見衛兵在檢查一個「借提」回來隊員的行李，散落一地的教科書什麼的，那是你嗎？』『是的！』他看看我，點點頭，但還有疑問，『那些書不是都被保管起來了嗎？你這些紙片又是怎麼抄的？』『憑記憶！』輔導長忍不住讚嘆了起來：『好！算你有種！敢在這種地方準備考大學。』

輔導長接著問了一些我在監獄讀書的情形，我都一一加以答覆。問完之後，他沉吟了半晌，『我可以信得過你，但在新收隊，我也無法幫助你什麼。第一，你不能看私人的書，這是

規矩。第二……』他低頭看看我的腳鐐，『你知道爲什麼嗎？』我一臉茫然。『你「出獄」那天，上級派人去「關照」，你到底講了什麼？』我低頭看著腳鐐，沒有答腔，只在心裡冷笑著：『明明是來抓我的，卻說成「關照」，何況我講那些話又有什麼不對？難道抓流氓就不必拘票嗎？關流氓就不需起訴書和判決書嗎？再說，我已經過監獄的矯正，還能算是流氓嗎？爲什麼非得讓警總祕密監禁個幾年，才能正式成爲良民呢？堂堂一個警備總司令部，難道沒有其他正事可做？爲什麼非得和一個小小的隊員計較那一句半句呢？如此小家子氣，眞是連流氓都不如。』輔導長以爲我還是不解，便再補充說道：『派去關照你的人回來之後，上級十分震怒，立刻交代下來，你不回來便罷，回來的話一定要好好「伺候」你。所以，你這重鐐還是得戴，「企圖脫逃」的罪還是要受。』我沒什麼話說。

『不過，』輔導長再低頭看看我的腳鐐，眼神顯得有些不忍，『再苦也只剩三天而已，這個星期六你就可以結訓了。通常週末是不遣送隊員的，但也沒有規定不可以……』他停下來看著我，我看著他。『好吧！星期六你就趕早起床，我會特別安排軍車送你回總隊部。』我再看他一眼，不知道他所謂的『特別安排』對我有什麼好處。我心想：『新收隊雖苦，但回到總隊部，面對上級，豈非更是死路一條？』他讀懂我的表情，於是索性把自己的好意挑明：『總隊

部所在地有一個大隊，下設四個中隊，其中只有一個中隊有可能讓你唸書。我特別安排你週末一早走，是想讓你有機會碰到副大隊長。我知道，星期六是大隊長輪假，由副大隊長代行。他是管訓隊少見的老好人，看隊員總是從好處看，也因此吃過隊員不少虧，但個性始終不見改。你若有幸遇著他，把你的情形向他報告，就有機會分發到我所說的那個中隊去。我答應你的事，一定會辦到。不過，一切還得看你的造化。』走出輔導長辦公室，對面遠山正好飛來一群燕子。他們遠觀是一直線，近看卻是一個『人』。我仰起頭，提起衫袖，拭去臉上溫濕的『人』字。

大海中的浮木

抵達總隊時，已近正午。引領我前往大隊部的衛兵走在前面，我扛著沉甸甸的行李，邊走邊跑，不時趕在他的前頭，就差沒催他：『快走！』那衛兵什麼『好兄弟仔』沒看過？就不曾遇見我這種『赴死鬼』。他半走半追，終於在大隊部門前趕上我。我和他幾乎是並肩走進去的。

時針和分針在牆上交疊著，底下壓著我的一顆心。眼看就要用餐了，大隊部中山室仍空無一人，我焦急地等著。不久，從隔壁辦公室走出兩顆梅花。『怎會是「兩顆梅花」呢？那不就是大隊長了嗎？』我的心敲起一陣喪鐘。矮矮的大隊長，肩膀很寬，肚子很大，一臉橫肉，我一看就知道『完了』！他瞄一眼我的行李，一副還不打算出去用餐的樣子。『老隊員了，還不知道這裏什麼都有，用不著帶那麼多東西嗎？』他嘴裏嘀咕著，一面用手指關節敲打我肩上的行李，『這裏頭都裝些什麼？打開來，我瞧瞧！』衛兵開始檢查我的行李，大隊長在一旁看著。我規矩地站在他的右側，心裏卻覺得好笑。果然，那衛兵搜了半天，最後只找到一把牙刷，剩下的全是書。他反覆翻著書頁，裏面夾著蝴蝶、蜻蜓、蜜蜂、蜘蛛還有蟑螂的標本。它

們曾是我『鐵窗』的伙伴，死後，我將它們一一安葬在書海。衛兵看到蝴蝶和蜻蜓還好，但看到蜘蛛和蟑螂的標本時，立刻嚇得把它們抖掉，還咧著嘴請示大隊長。大隊長一個九十度轉身，用食指向我質問：『你到底是來管訓的，還是來唸書的？』我趕緊向他敬禮，想向他報告自己在獄中讀書的情形，但他根本不讓我說話，『好了！好了！到第二中隊去吧！』我還想要報告，他卻聽也不聽，大踏步走向操場。

扛著沉重的書本，走在通往第二中隊的路上，我像一頭無車可拉的牛，笨重的貨物直接壓在背上。我舉步維艱，衛兵在後面趕著。走進中隊部，我心頭一涼，兩腳發軟，眞想不顧一切卸下肩上的重擔。爲什麼我非得扮演薛西弗斯，將推上山頂又滾下來的巨石，再推上山頂去呢？爲什麼我不能和一般隊員一樣，靠一支牙刷在這裏混日子？我難道不知道『管訓』這兩個中國字，台語唸做『管混』？我正想卸下沉重的負擔，輔導長已走進中山室。

輔導長身形高大，面色黧黑，五官誇張卻難掩赤子的純眞。我想起方才那位大隊長，一臉橫肉，卻似乎散發相同的氣質。『把行李打開！』輔導長慣性地發出命令。我的心情極度惡劣，不但不打開行李，反而把書本重重摔在地上。沒想到輔導長竟彎下身去，親手打開我的行李。他撿起牙刷，將它交到我的手中，然後蹲下來，仔細端詳眼前上百本教科書和參考書。

『這麼多書啊！』他回頭看我一眼，嘴角泛著笑意，『你到底是來管訓的，還是來唸書的？』『咦？怎麼和大隊長問同樣的問題，而且措辭一字不差？』我正在納悶，還來不及回答，他已開始自言自語：『這些課本和參考書，我以前也讀過的，可惜沒考上日大，所以才唸政戰。』我正想問他為什麼和大隊長問同樣的問題，他卻搶先問我：『你知道我以前唸哪一所高中嗎？』我怎麼可能知道？我只是覺得職業軍官，特別是警總的，大多言行粗暴，想必都是『放牛班』投『刀』從戎的。『我唸的高中叫「成功」，赫赫有名的，但我考大學卻「失敗」了。』我聽完，既為他過去的失敗覺得難過，也為自己將來的『成功』感到渺茫。輔導長繼續說：『副大隊長剛才來過，他說他都快退休了，還沒見過像你這樣的隊員，竟然不是來管訓的，而是來唸書的。不過，這裏是管訓隊，該做的工作還是要做，我只能盡量想辦法，讓你多擁有一些唸書的時間。對了！這麼多書，你內務櫃也放不下，這樣好不好，你把正在唸的書帶進寢室，其餘的都放在我的辦公室，你要用時，再告訴我好了。』原來那個一臉橫肉的『大隊長』，就是我這幾天日夜祈禱，希望能遇見的『副大隊長』，而眼前這個面色黧黑的輔導長，就是這裏唯一有可能讓我繼續唸書的人。天底下有像我這樣幸運的落海者？不僅要浮木有浮木，甚且求孤舟得孤舟。雖說離彼岸還隔著茫茫的煙波，至少此刻我的心，就像羅盤一樣，指著明確的方向。

第二中隊是工作隊，生產項目是對外承包西裝裁縫。工場是營房改造的，離隊部只有幾十公尺。每天，我們天未亮就起床，先在操場集合，跑步晨操，然後開始練習踢正步。我不想知道管訓隊為何如此重視踢正步，反正規定要踢，跟著踢也就是了，何況工作隊不戴腳鐐，踢起來也滿舒服的。踢完之後，便可以吃早餐。工作隊的早餐，令我相當滿意，不但饅頭可以吃到飽，豆漿也比新收隊稠，有時甚至還有鹹豆漿呢！此外，還有甜豆、花生等配饅頭的小菜，比起監獄的伙食，可以說好得太多了。

早餐後上工。我的工作很簡單，不必裁剪，也不必縫紉，只用一把木尺和一支粉筆，在布匹兩端預留的缺口畫一直線，畫完就傳給負責裁剪的隊友，做下一步的分工。這樣的工作，我一開始覺得很輕鬆，但一日十二小時畫下來，頭一天便感到吃不消。機械式地重複同樣的動作，我的左手彷彿變成一把木尺，右手變成一支粉筆，將整個身體畫成一條直線。第一天上午，我的腦海一片空白，心中唯一想到的是中餐，彷彿一部機器，或機器的零件，渴望加油時刻的到來。

中餐比新收隊多一道菜，每道菜的分量也比新收隊充足許多。我剛從只管住不管吃的監獄回來，覺得能享用足夠的飯菜已是人生最大的幸福，因此吃得津津有味。中餐之後是午睡，我

知道這是我白天唯一能讀書的時段，因此不敢錯過。雖然只是短短的一小時，然而，整個寢室靜悄悄的，效果猶勝午夜時分。我盡量閱讀數學和英文最難記的部分，記不熟的話，便留待上工時繼續默背，這樣下午的時光會比較好過，腦中也不至於一片空白。

工場的下午最難捱，都怪上午的枯躁。每位隊員渾身上下沒有一處對勁的，有的不斷起身又坐下，有的到工場後面斟水又倒掉，有的頻頻交頭接耳，說話的聲音壓得很低，手中的利剪卻誇張地比著手勢，少有人理會衛兵和正規軍的槍棍。我一邊畫著桌面上的布，一邊默背午睡時唸過的書，下午反而是我心情最平靜的時段。我決定把這樣的讀書模式延伸到上午，也就是把前一夜讀過的書，較難的部分整理出來，做為上午默背的功課。

晚飯後到熄燈前，是工作隊的黃金時段。有人寫信，我發現有人天天寫信，原來那種人是『職業代書』。有人對奕，下的不只是圍棋，還有象棋、暗棋和五子棋。有人玩琴，不只有二胡的伊呀，也有西班牙古典吉他彈出的日本『荒城之月』。有人說書，半杯茶，飲了又斟，一把扇，攤開又收，不是三國就是水滸。也有人像臨時演員，在寢室走道閒來逛去。連廁所裏也聚著三五成群，不知在計議著什麼。只有我，趴在自己的床位，用一本書對抗滿室的喧鬧。這個中隊的隊長是不管事的，他只管喝酒。有人招待便好，若是得自己付費，回來便藉酒雷霆一

番，然後便呼呼睡他的大覺。副隊長很少見到，即使露面，也是一副不沾鍋的樣子。輔導長就這樣『母代父職』，扛起一隊的事務。我知道輔導長當家對我唸書絕對有利，但也意識到這樣單薄的管理，遲早一定會出事。

檢定考試

副大隊長每隔一段時日便會來巡視。他來的時候，都在晚上，我想那該是他下班的時間吧！他每次走進寢室，總是背著手，後面跟著兩個兵，邊走邊叫寫信的繼續寫，說書的繼續說，彈琴的也不必停止，只是廁所裏嘯聚的那些人早已做鳥獸散。他走啊走的，最後，一定在我床位底下站住，仰著頭問：『怎麼樣？』我的回答一定是：『謝謝副大隊長！』底下就不說了。他總是想了想，然後說：『再想辦法！再想辦法！』

輔導長每晚都會進寢室一、兩趟。他和副大隊長一樣，面惡心善，隊員們深知他的脾性，因此表面尊敬，其實沒幾個怕他的。他也是背著手巡呀巡的，最後一定在我床位底下站住，然後仰起頭問：『怎麼樣？』我也只是一句：『謝謝輔導長！』底下就不說了。他也和副大隊長一樣，想了想，然後說：『再想辦法！再想辦法！』有一次，輔導長又在我床位底下站住，他仰起頭時眉毛是鎖著的，『你難道一點都不緊張嗎？』我說：『緊張什麼？』他還是鎖著眉，『你不是要考大學嗎？那你的高中文憑呢？沒有文憑，怎麼考大學？還有，上級好像對你有意見，我也不知道為什麼？好了！不知道的就不去想它！但你的文憑呢？』我愣在床上，兩眼俯

視著輔導長，表情像一具石膏像。

在往後的日子裏，我還是繼續讀書，然而熱情已不復存在，效果也大打折扣。我甚至逐漸拋掉課本，開始重拾老莊、愛默生和梭羅。我需要一種出世、超越的人生哲學，來透視、取代功利的讀書動機，特別是在『功利』兩字已完全落空的時候。

每日，我望著鐵窗外的天空，形塊多變的雲，有時黑，有時白，有時介於黑白之間。傍晚，更常出現粉紅，豔紅或紫紅的色調，甚至有七彩的虹橋。就算無雲，白天的純藍和夜裡的墨黑，也都是阻礙我視線的顏色。我常問自己，何時才能撥開浮在我心表面的喜怒哀樂，掃除蒙蔽我心底層的慾望和煩惱？何日才得以透視自己的『本心』？就像梭羅探測他的『華登湖』，但深度應不只及於地球的另一端吧！

我不敢再奢想『考大學』的事了，『沒有文憑，怎麼考大學？』如果我偶爾還抱著英文和數學課本不放，那也不過是爲了排遣工場的『機械』時光而已。我絕望地持續，或半持續著兩年多來的苦讀習慣，直到有一晚，在『荒城之月』極度哀愁的琴聲中，輔導長興高采烈地闖進寢室，也不巡視，便直奔我床位底下。他仰著頭，兩手在背後搖晃著，我看見一張白色印紅邊的公文紙。『林建隆！你的高中文憑有著落了！』他從背後拿出那張公文，在手上揮來揮去。

『這是台北監獄來的公文，通知你回「宏德補校」參加省教育廳舉辦的高職同等學歷檢定考試，有了同等學歷，你就可以報考大學了。』我高興得有如一尊當場溶解的石膏像，腦中功利的細胞立刻復活起來。我發現我的人生態度既非出世，也非入世，而是兩著兼而有之。陷入絕境時，我會設法讓自己超拔，而當希望再度燃起，我便又積極了起來。總歸一句話，遇見天明，我就當『儒家』，碰到黑暗，我便做『道家』。我發現自己即使已重拾本心，重獲靈性，還是會在某些時刻自然地回到獸性。『應無所住，而生其心』，是中庸，也是人性。我已略略懂得如何在樂苦順逆之間尋求自處之道。

爲了應付高職檢定考試，我特別花了一段時間，把高商三年的課本大致閱讀一遍。我知道這種考試應該難不倒我，但也不敢掉以輕心，畢竟『沒有文憑，怎麼考大學？』只是邊唸還是邊惦掛著考大學的科目。我很懷念在『宏德補校』那段心無旁騖，專心準備聯考的日子。離開監獄以後，先是在看守所發愣，然後被送到新收隊煎熬，到了工作隊，又要踢正步，又要下工場，強制工作的工時又長，一天下來，真正能唸書的時間不到兩個小時。如今，還得花時間唸這些高商的專業科目。我儘管心急如焚，卻也莫可奈何，誰叫我到了監獄，到了管訓隊才想要考大學呢？要在絕處逢生，就得忍受絕處的痛苦。

應考那天，我很早就起床了，但我發現輔導長和政戰士起得比我還早。漱洗之後，他們領著我走向一輛軍車，負責駕駛的是一位上兵。上車前，我慣性地在車門口等著，但出乎我意料之外，他們並沒有爲我戴上任何戒具。我失去自由已有千餘日了，這還是第一次獲得官方的禮遇，而一切都是因爲『讀書』的緣故。上車後，我發現所有的車窗都是透明的，沒有覆蓋任何的黑布。或許正因爲如此，我對窗外的景緻反而失去了興趣。一路上，我不斷地想著，離開這麼久了，爲何台北監獄還會想到我，還會如此大費周章安排我回去應試？我想到『宏德補校』同學平常混日子的情形，想到『校方』第一次面對省教育廳的『檢定』，急於繳出好成績的心態，想到自己『進場』之後，必須扮演的角色。

教誨師再見我時，是以兩排暴牙迎接我的，而我再次見到他，心情卻十分複雜，我不知到底該咬他還是該親他。總之，我的態度是軟中帶硬，若即若離，而他也立即看了出來。他先當輔導長的面誇我幾句，然後把我拉進他的辦公室。『林建隆！你要考大學的事，我早就向典獄長報告過了，但直到前幾天他才找我去，十分詳細地詢問你在「宏德補校」讀書的情形。我當面請求他一定要設法幫助你去考大學。他點了頭，說會「認眞研究辦理」。可見我不是不關心你的。不關心你的話，我又何必千方百計把你弄回來考試？你知道警備總部對我們來說也是挺

神祕的，尤其是管訓隊，只有信箱沒有地址，我要找你，也是很不容易的。』我向教誨師行個禮，表達謝意。但我仍然認為他很不夠義氣，當初他明明可以答應我，等我考完大學再報假釋，只因他不敢擔當，將我一腳踢回管訓隊，事後於心難安，才來設法彌補。教誨師把該說的『好話』都說了，才開始暗示我此行的任務。『怎麼樣？今天的考試，都準備好了？』我再向他行個禮。『是這樣的，你過去在這裏唸書，想必也很清楚，你那些同學，唉！我能對他們要求什麼？再加上我們沒有經驗，「本校」是第一次參加省教育廳舉辦的檢定考試，監考老師們想必都知道我們的難處，也都能體諒我們情況的特殊。你這趟回來，除了為自己爭取到同等學歷，是不是也希望你的同學都能過關？』我說：『那當然！』教誨師吁了一口氣，起身把門打開，請輔導長進來奉茶。

考場設在我曾黯然離去的高三教室。同學們一看教誨師陪著我走進來，原本擠眉弄眼，約定好的各種暗號，全部取消，就連貼在手肘、膝彎處的小抄也都撤了。同學們對我的信任，著實令我十分感動。我走向我原來的座位，坐定時，我緊咬著下唇，心中百味雜陳。阿潭過來拍拍我的肩，大牛遠遠對我擠著眼，同學們紛紛拿出『老鼠尾巴』。我一時興起把『老鼠尾巴』統統收下，當場點了一支，其餘的全部裝入我『流氓』軍服的大口袋。同學們看了，忍不住笑

成一團。

考卷發下來了，都是『選擇題』。我在十分鐘內作答完畢，然後開始研究如何將答案傳遞出去。我發現監考老師果眞如教誨師所言，很能體諒犯人的處境，在講台上象徵式地踱步，最後乾脆走出教室。我看監考老師一走出去，好像就不打算再走進來的樣子，當然也就老實不客氣地執行起我的『任務』。我將答案分成七十分、八十分和九十分三種，也不特定傳給誰，反正流出之後，各按因緣得不同的分數便是。就這樣一日下來，順利考完五科，全校皆大歡喜。

又見脫逃

回到管訓隊沒幾天，輔導長便又捎來另一個好消息。那是台北監獄典獄長正式發來的公文，文中除了證實我在獄中苦讀的情形，也建請管訓隊允許並協助我報考大學。我讀完公文以後，抬頭看看輔導長，知道他有話要說。『有了這封公函，我就可以循正常管道替你向上級爭取。我簽呈都已經寫好了，明天一早就遞。等上級核准了，你就可以留在隊上專心唸書，不必再到工場去了。』我謝過輔導長，但心中卻浮起一個令我感到不安的問號，『輔導長為什麼說有了這封公函，就可以循「正常管道」替我爭取？難道他原本是想循「其他管道」的嗎？到底什麼是「其他管道」？』我一直在思考這個問題，也為『其他管道』可能帶給輔導長的困擾，或陷他於危險的境地，覺得忐忑，完全沒有想到循『正常管道』爭取，上級會不會批准的問題。

在等待上級批准的過程中，我的心情是十分平靜而篤定的。我仍如往常，利用午睡和晚上熄燈前的時間唸書，也仍如往常，在工場日出而作，日落而息。我只希望上級能儘快批准，至少讓我在考前能有一小段時間可以專心唸書。然而，我的希望很快就被擊碎了，被稍後幾天發

生的脫逃事件。那是一個悶熱的下午，整個工場氣氛比往常更加躁鬱。我不斷放下手中的木尺和粉筆，一直想要走到鐵門邊倒杯水來喝，口裏卻一點也不覺得渴。看看周遭的隊友，幾乎沒有一個是安分坐著的，儘管大家雙手仍假裝在幹活。就連衛兵和正規軍也像不安於崗位的鬥犬，在五步方圓內無厘頭地嗅著、轉著。就在氣氛最沉悶的時刻，忽然槍聲大作。『有人脫逃了！』『有人脫逃了！』急切的吼聲傳自廁所窗外，我判斷那兒應該就是出事的地點。

『廁所』是管訓隊最敏感的地方。通常不打算脫逃，或不打算從廁所脫逃的隊員，如廁時是不看鐵窗的。我就看過有人大小便時緊閉著雙眼，爲的是避免撞見鋸鐵窗，或準備破窗而出的場面。記得在新收隊時，就發生過有人當場看見一個隊友深夜時在廁所鋸鐵窗，第二天他還來不及向上級檢舉，對方已先一步告狀。他莫名其妙被換上重鐐，然後被押回自己的床位，眼睜睜看著衛兵從他的床板底下搜出一截鋼鋸。

還有一個更離譜的脫逃故事，是在我抵達新收隊前不久發生的，地點也是在廁所。有一個新收隊員，平時就很莽撞，一些老隊員經常好意提醒他：『半夜少起來上廁所』，他卻只當耳邊風。一天深夜，他又爬起來如廁，小便時眼睛不但不閉著，反而東張西望。也是合該他倒楣，正好讓他瞧見有人準備『破窗』的畫面。人家冒險籌備多日，豈容他兩顆好事的眼珠破壞

於一時？因此，說時遲那時快，一泡尿還沒撒完，他的背脊已被兩把利刃頂住，結果他被逼成爲第一個破窗逃亡的人。

槍聲一響，我第一個反應是坐回自己的位子。此時，工場外到處響起尖銳的哨音，夾雜著正規軍狂奔的步伐，與摩托車、軍車的起動聲，遠處有軍犬吠著，槍聲繼續響起。輔導長和值星官眼裏冒著火，一前一後奔了進來，後面跟著正規軍和衛兵。集合點名之後，我立刻知道是睡在我下舖那兩個傢伙走了。跑步回隊部途中，我不斷打量總隊部的圍牆，高約兩樓，上面還加設一層鐵絲網。『那兩個傢伙到底是怎麼翻過去的？』我對這點感到十分好奇，完全沒有想到此事對我報考大學會有什麼影響。

事件發生後，隊長再也不敢四處酬飲，他竟日帶著隊伍，不是任意抓狂，就是坐困愁城。副隊長本就無爲，經過此事，更顯得有些無助。只有輔導長，平日和隊員生活在一起，才眞正了解那兩個脫逃隊員的來歷和可能的去處。只見他帶著人馬，天天早出晚歸，回來時滿身疲累的樣子。我知道流氓管訓隊員脫逃，不但八號分機不會通緝，就連司法機關也懶得配合追捕，因爲他們本來就沒有刑期。輔導長若無法在一定期間內抓回那兩個隊員，全隊官兵都得接受處分。我了解他的壓力，因此，也不敢問他上級是否已批准我報考的簽呈。

事件發生後的第七天，輔導長終於在午夜時分把那兩個脫逃的逮了回來。那時中山室裡一陣騷動，隊員們被驚醒之後，都躺在床上假寐。不久，我便察覺我的下舖床柱上銬著兩個人，我很快便又睡去，他們的酒氣瀰漫在我的夢中。翌日，午睡時，我照常看書，輔導長躡著腳走進來。他在鐵門邊站住，向我招一下手。我立刻下來，隨他躡著腳，走到寢室外的長廊。他手裏拿著公文，也不讓我看，只說：『沒關係！』我說：『什麼沒關係？』他頓了一下，把臉朝向總隊部，『上級不准！』我一時錯聽，以爲他說『上級批准！』由於我視批准爲理所當然，因此也不覺得意外。我隨著輔導長的視線望向總隊部，很擔心他會受到處分。『你該不會被處分吧？』他回頭注視我，似乎很驚異我的鎮定和氣度，『不會！我不會被處分！』我聽完，大大鬆了一口氣。

輔導長再度把頭轉過去，口中喃喃唸著，彷彿是說給總隊長聽的。『其實這也不能怪上級，整個總隊，甚至整個警備總部，除了副大隊長和我以外，有誰會相信一個管訓隊員竟然想要考大學，而且還眞有實力考上呢？副大隊長一開始並不了解你，他不過是看到你帶著那麼多課本和參考書，就對你深信不疑。他一向都是這樣的，很容易相信隊員，也被隊員坑過不少次。你不看別人年紀輕輕都升大隊長了，他已到了退休年齡，卻還是個副大隊長？』我覺得輔

導長自己還不是一樣，還不是一開始就對我深信不疑？而那兩個脫逃的，平日裏不也是深得輔導長的信任？整個總隊最容易相信隊員的兩個長官竟然都被我碰上了，我深深爲自己慶幸，也暗暗替他們抱屈。

輔導長輕輕嘆了一口氣，接著說：『誰想到會發生這種事呢？我信任那兩個，給他們許多方便，沒想到他們卻跑了。我對你不加懷疑，相信你絕對不會辜負我，但發生這事以後，上級卻不這麼想。我原本以爲上級沒有理由不准的。』聽到這裏，我才了然，原來輔導長一開始說的是『上級不准』，我卻聽成『上級批准』。我雖說年紀還輕，卻已歷經重重打擊，弄清楚這個壞消息之後，只是臉上少了點血色，滿心滿口還是感激輔導長的。他可能是怕我撐不住，一手搭著我的肩膀，一手握緊我的手心，急切地向我保證，『不過，沒關係！我一樣會設法讓你出去考試的。請相信我！明天我就替你去領表，該報名的時候，就替你去報名。』

蛆

完成領表和報名手續之後，輔導長便叫我不必再到工場去。他帶我到他的書房兼臥室，指著他的書桌對我說：『從此，這就是你的書桌了！』說完，他想了想，再補充說道：『每天早上，用過早餐，你就和傳令兵一起過來。如果遇到我的門鎖著，那就表示我輪休，或者因事外出，碰到這樣的情形，你就到小隊長房間去唸。來！我帶你過去跟他們照會一下。』我隨輔導長走出書房，經過辦公室，穿越隊員寢室外的長廊，來到中山室，右轉便是小隊長房間。那時是晚上，離晚點名還有一個小時，四位小隊長都在。他們的房間不到十坪，擺四張單人床，兩組四人合用的書桌。走進去時，輔導長在前，我在後。他們看見長官走進來，既不敬禮，也不客套，可見和輔導長私下相處的情分。輔導長向他們說明來意後，他們一個個點頭，卻不忘苦笑，面面相覷的意思好像是說：『「輔仔」又在替自己找麻煩了！』

我在輔導長房裏唸書，感覺很舒服。整個室內，不但窗明几淨，還有電風扇可吹，我已經好幾年沒吹過電風扇了，炎炎夏日，吹起來覺得是莫大的享受，何況還有傳令兵會定時進來添加茶水呢！更重要的是，我在那裏唸書，從來沒被干擾過，我想除了輔導長和傳令兵以外，大

概沒有人知道我躲在這裏唸書吧！但在小隊長房間就不同了。那裏雖說電風扇、茶水樣樣不缺，但上級長官卻隨時可能闖進來巡視。第一次是一個胖胖的軍官。他到底在我身後站了多久，我眞的不知道。直到他咳了一聲，又咳了一聲，我才轉頭，並且立刻起身，準備向他敬禮。他用雙手壓著我的肩膀，示意我坐下，那是副大隊長。『副大隊長不太說話的。』那是我對他的印象，果然，他一如往常，見到我只是點點頭，再點點頭，便轉身悄然離去。

第二位闖進來的，是一個瘦瘦的軍官。他的行止有點鬼祟，看起來不太像一個大隊長。他一進來便站在那兒，等我向他行禮之後，才開始細細問明我爲何在這裏讀書。問完，他以一副持保留態度的表情離開。政戰主任也來過，他的態度和大隊長差不多。他們兩位雖對我信得少，疑得多，但至少看在輔導長份上，並沒有當面爲難我。總隊長就不一樣了。他闖進來時，後面還跟著一群隨從。我不等隨從吆喝，便自動站起來行禮。禮畢，他指著我問道：『你在這兒幹什麼？』『報告總隊長！我在這裏讀書。』『是誰准你在這兒讀書的啊？』我想說是輔導長，但一看苗頭不對，隨即把話吞了回去。他陰沉著臉，繼續逼問：『說！是誰准你在這兒讀書的？』他看我硬是不說，隨即轉身，命隨從去叫隊上長官過來。隨從答說：『正副隊長和輔導長都不在，幾位小隊長正在外面候著呢！』總隊長聽完，轉過頭來，命我在原地立正站好，

然後才悻悻然走出去，詢問那幾個小隊長。

總隊長來過之後，我便主動向輔導長表示，寧可再回工場去，也不願像做賊一樣地唸書。輔導長當即斬釘截鐵地說：『不行！再到工場去，大學就別考了。這樣好了，我幫你掛病號。我在的時候，你就躲進我書房唸，沒有人會來巡我房間的。萬一我外出，你就待在隊員寢室，和那些病號一起，照樣讀你的書，這樣好不好？』我認爲這是最佳的安排，只要不必再到小隊長房間去，不必再像小偷一樣被總隊長當場逮住，叫我到廁所茅坑去唸都可以。從此，輔導長幾乎是寸步不離隊部。白天，他帶著部隊，正副隊長自脫逃隊員回來後，便又把部隊交給他。夜晚，他一定守在辦公室或寢室，遇有上級巡視，他就親自去應付。總之，不再讓我曝光就是了。

輔導長有一個妹妹，正好也要考大學。有一次，她來找她哥哥，輔導長介紹她跟我認識，告訴她我也要考大學。她覺得很不可思議，也很好奇。那時，她剛好隨身帶著一本模擬考卷，在輔導長的建議下她讓我做了英文、數學兩科。做完，她幫我評分。評完，她覺得很不好意思，答應哥哥回去之後要好好拚一拚，絕對不能輸我太多。臨走前，我請求她把那本模擬考卷送給我，她欣然同意。我隨即做了國文、歷史、地理和三民主義，發現答對的竟然不到一半，

即使加上英文、數學兩科高分，也只能勉強上榜。我當場嚇得不知所措，經過管訓隊幾個月折騰下來，我的模擬考成績竟已一落千丈。

從那一刻起，我充分把握考前三週的每一秒，拚命衝刺，輔導長和四位小隊長也全力配合。我每天從早到晚都躲在輔導長書房猛讀，但遇到他不在，或者是下工以後的時段，我便得回寢室去唸。問題是，下工後那個時段，整個寢室鬧哄哄的，而且瀰漫著粗獷的江湖氣息，活像傳統夜市紅燈區各路角頭嘯聚的場面。除了胡琴說書，泡茶對奕，各式各樣的把戲全部出籠以外，暗地裏的酗酒、賭博，豁出去的群毆、廝殺也時有所聞。每遇到那樣的時段，我在無處取靜的情況下，總是被迫躲到廁所去唸。廁所是逃亡率最高的敏感地帶，通常不許久留的。好在四位小隊長，不管誰任值星官，都能放目讓我在裏面奮鬥。至於出出入入如廁的隊友，一開始當然人人側目，但久而久之也都見怪不怪了。

管訓隊的廁所，標準的棺材隔間。棺材兩頭，各開一扇鐵窗，鐵窗不高，鋸起來相當方便。棺材兩側，一邊是長槽形的小便池，池緣外端的踏板一次可立十人。另一邊是糞池，用水泥隔成五間，都是蹲式的茅坑，為了戒護方便，一律不設門扉。廁所管理員，通常由上了年級的隊員擔任。由於較無壓力，待遇又可比照衛兵，這個缺聽說在許多中隊還要透過關係才能取

得。管理員主要工作不在清理廁所，而是菜園澆肥。澆肥時間是在隊員起床之前，因此從清晨開始，到我躲進去唸書爲止，一間小小的廁所，至少已屯積一百人次的糞便，和上千人次的尿液。

沒有抽水設備，管訓隊的廁所臭氣沖天是可想而知的。因此，儘管外頭戒備森嚴，卻沒有人眞敢近前防守。尤其管理員三不五時還會生個病，請個假，隊裏也沒有現成的挑屎高手可資替代，便只好任由整個廁所臭得蟲蛆橫行，讓衛兵和正規軍退避三舍，而那時正是脫逃的最佳時機。每次，我躲進去唸書，都是在晚上，正逢廁所的黃金時段。我知道糞池裏堆積著一座座山丘，也知道腳邊隨時有路過的蟲蛆，但由於我全神貫注，滿室的惡臭竟敵不過我一手的書香。

我像一隻蛆，在糞堆裏苦苦掙扎，掙扎過程中，我時時有夢。我夢想有一天能出現識貨的釣者，將我輕輕拈起。我將獻上我的肉軀，忍受魚鉤穿腹的痛楚。我將做爲誘餌，引魚兒上鉤。我將化爲鮮美的魚肉，滋養苦難的衆生。

偷偷赴考

七月一日，天還未睜開眼睛，我就已踏出管訓隊大門。走在我前後各有一人，他們是兩位中尉小隊長。他們穿著警備總部特有的深藍軍服，戴著深藍軍帽，腰間沒有配槍，不過，左肩各背一個開放式的帆布袋，沉甸甸的，我知道裏面裝的是什麼。由於是掛病號出來，我依例穿著警總『三等兵』的工作服，灰帽、灰衣、灰褲、灰襪、灰鞋，從頭到腳一身灰。我的左肩也背著一個開放式的帆布袋，沉甸甸的，裏面裝的是上戰場必備的『槍彈』。

考試前半小時，我們來到台北中山女中考區。穿過校門時，我們自動變換隊形，穿灰衣的走中間，穿藍衣的一左一右。三條怪異的身影走到操場中央時，品字形的教學大樓，每個樓層走廊，衆多的眼光，聚成好奇的光束，一道一道直往我們身上射來。我的試場在正前方樓層底下，我抬頭看看天空，深藍的，只有一朵烏雲。那烏雲亦步亦趨隨灰衣和藍衣隱入走廊的陰涼處。我坐看白衣、綠衣和黃衣，配著黑裙翩然走過。兩個穿藍衣的，無暇觀賞，一進一出，忙著和試場人員交涉。不久，只見他們低著頭，悻悻然走了回來。我忙問：『怎麼了？』其中一位藍衣用嘴角比了比，我循他指示的方向望過去。一間五十人座的教室，我的位子靠窗，窗的

高度不及一米，而且是沒有欄柵，横推即開的那一種，窗外車水馬龍。只要考試鈴一響，教室門一關，要不要跨出窗外，便在我一念之間。

我忍不住笑了出來，『不會的！你們以爲輔導長是派你們來送行的嗎？你們是來陪考的！』穿著藍衣，便注定要憂鬱，他們仍然放心不下。我覺得這樣也不是辦法，便建議他們一個守在門邊，一個繞出去守在離我座位不遠的窗外，並且記得槍一定要上膛。他們點點頭，表示感謝，便各自去尋找最佳的狙擊位置。我把頭垂下來，開始爲自己命運的轉折倒數計時。

考試鈴響了，我走進教室，在自己的位子坐下。我看看窗外，一件藍衣，徘徊在距我十公尺外的紅磚道。中天那朵烏雲，神閒氣定地坐著，周遭是深藍的大海。第一節考國文，我一拿到電腦答案卡，便覺得手腳有些慌亂。在監獄和管訓隊，我幾乎沒有機會在電腦答案卡上練習作答。我知道光是畫答案，自己就必須花費比其他考生更多的時間。我決定先處理自己拿手的作文，用先馳得點的策略來穩定自己不安的情緒。

答選擇題的時候，我邊作邊詛咒那位哄我背整本《孟子》的獄警，因爲《孟子》只是課外指定讀物——中國文化基本教材的一部分，在國學測驗中只佔兩分。爲了這兩分，浪費那許多日子去背整本書，不但不划算，也耽誤我唸其他書的時間。總之，由於資訊的缺乏，和有些搞

蛋鬼的刻意誤導，我發現我讀書的方向大大脫離考試的正軌。我愈想愈氣，一度氣得無法繼續作答。我索性翻開剛剛寫完的作文，再仔細檢查一遍。當時的大學聯考，仍依往例用文言文命題，但絕大多數考生卻是以白話文寫作，顯得不搭不七，眞能用文言文按題發揮的，可說寥寥無幾。我重讀自己的作文，覺得自己的文言文寫得還眞是中規中矩。我開始慶幸自己曾背過整冊的《孟子》，也不再詛咒那位哄我背書的獄警。『沒有一條路是白走的！』我再次提醒自己。

走出教室，兩位小隊長早在門口等著，一個開飲料、一個遞麵包，早已忘了肩上的帆布袋，仍是沉甸甸的。他們已經相信我是玩眞的，也相信輔導長不至於坑害他們。他們甚至買來兩把蒲扇子，一手一邊爲我搧著。他們顯然已意會到，我這一戰，只能贏不能輸，輸了，不只輔導長會有事，連他們都可能跟著倒楣。考試鈴又響了，他們不但和我相互擊掌，還不斷在我背脊拍著。這樣的加油動作，在其他考生可能不算什麼，但對我來說，卻有如寒天的暖流。他們眞是最佳的陪考者。

第二節考英文，英文是我用來『運命』的科目。我一直很不相信『命運』，覺得人生應該是一個運作生命的過程。我也一直無法接受所謂的『環境決定論』，說什麼人的一生就像一隻蚊蟲，一旦身陷蛛網，便再也無法掙脫；說什麼不是青年創造時代，而是時代制約青年。我如

果信這個邪，就不會在監獄和管訓隊苦讀了。英文一向是我最弱的科目，在決定考大學之初，我曾不斷祈禱，希望在我應試前，能夠廢考。然而，想歸想，英文還是得讀，一來我知道英文作爲世界語言的趨勢只會增強，不會減弱。另一方面，我也很清楚，要從愛默生和梭羅這兩個口岸，航向西洋文學浩瀚的大海，英文即使不是唯一，也是最佳的載具。更重要的一點是，我一直無法忘情於詩，我從小就立志要當詩人的，而新詩，或現代詩，無論是創作的理論或實際，都源自西洋。我總不能都靠翻譯吧！不要說翻譯的作品有限，即使齊備也只是霧裏看花，無法實地踏訪西洋詩的究竟。因爲這些緣故，我特別在英文下了功夫，大學聯考志願卡也一律填寫英文系。我知道這樣做很冒險，因爲我的英文仍停留在只能寫，不能讀，只能看，不能聽，更不能講的程度。還好大學聯考英文科只有筆試，我想先考上再說，等進了英文系再來解決聽、講的問題。

我是帶著『高標』的自信走出教室的。連同第一節的國文，我已連拔兩顆『好采頭』，但仍不足以揮去心中的『歷史』陰影。和一般考生正好相反，我的強項在國文、英文和數學，至於公認最容易取分的歷史、地理和三民主義反而是我的罩門。這不難理解，史地和主義原本也是我的強項，但經過看守所、新收隊和工作隊的輾轉折騰，這些純靠死背才能取分的科目，焉

有不嚴重折損的道理。沒有時間記憶歷史，就會被歷史遺忘，這是我考完歷史科之後的感想。雖然我不認爲那是我的錯，卻也承認這是一個『流氓』妄想考大學必須付出的代價。考完三科，兩好一壞，我懷著還算平衡的心理回到管訓隊。

七月二日，一踏出管訓隊，我的心情便陷入谷底。我知道今日三科，會是一好兩壞的局面。然而，兩位小隊長，彷彿已考出了信心，一路有說有笑，肩上的帆布袋，裝的好像是玩具槍，顯得輕輕鬆鬆。考完第一節，我就感覺大事不妙。原本我是想靠數學搶分的，沒想到這一屆的題目超難，在天下烏鴉一般黑的情況下，我究竟能比一般考生多得幾分？恐怕很有限。再來的地理和三民主義，就是我要大量失血的科目。果然，一考完地理，我就意識到，這次考試可能不是我人生的分水嶺（Watershed），而是滑鐵盧（Waterloo）。

已經是兩好三壞滿球數了，作爲一個投手，我當然希望能投出一個關鍵的好球，一舉三振『流氓的命運』，只是三民主義這一科，我根本摸不到好球帶。原因很複雜。近的我說過了，我忙著管訓，一得空，顧國英數的本都不夠了，哪有多餘的時間背誦某一個黨的政策？遠的則要追溯到新收隊時我對《領袖遺訓》的排斥。我覺得三民主義和《領袖遺訓》，味料其實沒什麼兩樣。考大學，在某種意義上，是在限制自己的思想。

我先寫三民主義的申論題。邊寫邊覺得『申論』兩個字其實是騙人的，眞要『申論』起來，哪會有分數。一切還是得照『標準答案』寫，但標準答案我又不會背，怎麼辦呢？我看看窗外，中天仍端坐一朵烏雲。寬敞的馬路上，到處是裝著引擎的烏賊，大大小小噴出的黑煙，令我這個遠離塵囂已久的『三等兵』感到暈眩。我把視線移向人行道上的紅磚，一塊一塊砌著過往行人的足跡。看著看著，我忽然發現少了一雙熟悉的皮鞋。小隊長呢？此刻的紅磚道上，哪裏還有他的蹤影？他大概以爲我就要步出教室了，所以提早繞回去，準備結束他的任務，順便迎接我的勝利。

看著窗外空蕩蕩的人行道，看著近在咫尺的『自由』，我不禁想起三四年前新收隊的逃亡計畫，想起阿鐵，他應該已在太平洋彼岸了吧？應該已經找到他的母親了吧？我告訴自己，只要放下筆桿，跨出身旁的窗戶，我就是自己的主人了！警備總部從沒有過如此輕而易舉的脫逃記錄吧？我握著筆桿，想了又想，我眞能如此對待輔導長？我再握緊筆桿，我不是暗中答應過母親，自己爬進蛛絲幽暗的床底，就要靠自己爬出來的嗎？我不是當面承諾過父親，要還給他一個，連三弟兩個好兒子嗎？何況，我也不見得一定考不上。想到這裏，我忽然覺得當初監獄把我像一顆皮球踢回管訓隊，而管訓隊也駁回我報考的簽呈，在這種幾乎不可能戒護的情況

下，其實是可以被諒解的。我的心情頓時開朗了起來，也不再胡思亂想。接著我非常『阿沙力』地把會作的題目作完，不會的空下。交卷時，我看也不看『窗外』一眼，大踏步走出教室。兩位小隊長早已等在走廊上，他們互瞄一眼，沒有人拿出手銬。我們一起走過操場，頭上那朵烏雲不知何時已經散去。綠地上乾淨的空氣告訴我，我是一個新鮮的人。

『非法』上榜

再踏入管訓隊時，我覺得對過去這段失去自由的歲月有了新的體驗。無論是在新收隊挑土，還是在監獄申請延期假釋被駁回，我都還算不上是希臘神話裏的薛西弗斯，因爲我根本不曾眞正把巨石從谷底推上山頂。我記得薛西弗斯曾獲上主的應許：『有一天，巨石將不會再滾下來！』我期待這一天。即使到頭來，巨石仍無情地滾落我的宿命，我也了無遺憾。畢竟我已走過這段艱辛的旅程。

由於胸中已了無牽掛，我很快便恢復原本活潑的個性，積極融入隊上的生活。不論是操練，還是上工，我都做得興緻勃勃，即使每月只領一百多元工作金，也不再怨懟，只覺得失去自由就得被剝削，不管是在監獄，還是在管訓隊，誰叫自己不珍惜自由呢?下工休息的時間，我除了擔任義務代書，偶爾還客串說書人的角色。我在獄中曾讀過許多章回小說，諸如三國水滸、封神聊齋、七俠五義、添丁傳奇等，都是可以現賣的，還差一點打破隊上職業說書人的飯碗。

有一天晚上，講古仙仔那裏一場，在下舖，講的是水滸傳，我這裏一場，在上舖，說的是

廖添丁。他那裏要人斟茶，我這裏自備開水。他那裏每告一個段落，就要擦起汗巾，等衆人意思意思，我這裏不但免費，而且好戲連台，不賣關子。說著說著，我這裏正熱鬧時，他那裏忽地散場。不一會兒，講古仙仔已站在我的床鋪底下，身邊還站著兩個靠他吃紅的。他收起扇子，用扇柄敲敲我的床緣，『少年仔！好漢不擋人財路，你有本事，考上大學，就要快活去了，何苦爲難我呢？』我一聽立刻收場，也不介意他身旁那四顆拳頭，反而樂得轉到他的場子，當個內行的聽衆，偶爾也充當他的替補。寢室裏的熱鬧，又恢復原來的生態。

放榜那天下午，輔導長騎著重型軍用機車回來，一見面，他就用吼的：『林建隆！上了！上了！』『上了！』雖然是意料中的事，我仍忍不住跟著吼了起來：『是眞的嗎？眞的上了嗎？』其實，聯考一結束，在考場門口，就有一些知名的補習班，在那裏散發完整的試題和答案。我回來對過之後，再查核上屆分數的落點，知道自己上了。不但上了，而且還不是在榜尾，我的分數大約落在國立和私立大學之間。我當時很激動，恨不得衝到戶外去狂舞一番，但想到自己的身分，也就克制了下來。而克制的結果是，趴在自己的床鋪上，著實飲泣了一番。

『上了！』我是早就料到的，只是不知考上哪個大學。輔導長不賣關子，但說得也不是很直接：『你的分數落在政大哲學系，但這個志願你沒塡，再來是東海中文系，也沒塡……』我

笑著問他：『我該不是什麼都沒塡吧？』輔導長也笑了，『有！你塡了東吳大學英文系。』輔導長是台北人，對座落於外雙溪的東吳大學自然有一些認識。他告訴我東吳是一所基督教創辦的老大學，從中國遷來的，作風有點保守。不過，它山明水秀，校門內兩排尤加利樹，站成一條綠色的長廊，腳踏車隊穿進梭出的，頗有特色，應該很適合我這種『隱士型』的人去唸。我一聽『兩排尤加利樹』，『腳踏車隊穿進梭出的』，赫然想起離開新收隊之前所做的夢。輔導長描述的情景竟和我的夢境一樣，缺的只是坐在我腳踏車後座，那個長髮披肩，隱然有著西洋輪廓的女大學生而已。我甚至大膽地想起，自己迷迷糊糊坐在教授位子的那個荒唐的夢。

我很滿意東吳大學，特別是能唸它的英文系。我知道自己是在什麼樣的條件下考上的，將來入學，想必不會輸給其他同學才是。何況士林外雙溪離我基隆老家並不太遠。其實，我眞正的老家是台北縣三芝，那裏風水甚好，清朝時生產一種奇特的黑糯米，皇帝才能吃的。不知是否因爲這個緣故，早已被流傳是『龍穴』。我想我能在管訓隊考上大學，應是多少靠著『龍穴』的護蔭吧？至少父親一定會這樣認爲。父親在日本時代，因爲種田實在活不下去了，才告別祖母，到基隆去挖煤。在我成長過程中，常常要隨父母回三芝的。那時我們坐火車，從基隆出發，到達台北再轉車，轉的是開往淡水的小火車。下車後，再搭公路局到三芝，到了三芝，還

要走一段崎嶇的山路，才能見到祖母。我喜歡上下於祖母採茶的山丘，更喜歡小火車駛經士林時，窗外淡水河上悠然揚起的漁帆。士林是我童年『回家』必經之途，若能沿著士林，溯著雙溪，找到我未來人生的方向，應是吻合我童年『浪漫』的幻想的。

考上大學，當然免不了要接受總隊長的『召見』。只是，我知道此去必然『會無好會』，因爲我不是在他的批准之下，『合法』考上大學的。他召見我的地方很奇怪，不是在他的辦公室，而是在一間官兵集會的大禮堂。我跟著傳令兵邊走邊納悶：『召見一個小小的隊員，需要這麼大的禮堂嗎？』若不是用來下馬威，就只有『神經病』才能解釋了。總隊長高高坐在講台上，我則被帶到台下面對他立正站著。整個禮堂空無他人，除了他背後的孫中山，和我背後的蔣介石。他輕咳了一聲，四壁的回音立刻在我耳裏交響了起來，『是誰帶你去考大學的？』我心想：『你這不是白問？我怎麼可能說出任何人的名字？』他看我沉默以對，更加抓狂地吼著：『是誰准你去考大學的？』我覺得他實在是無聊，也跟著百無聊賴地，看著腳上的鞋帶，發現左腳沒有綁好。我很想彎下腰去，重新繫好鞋帶。他大概看我已被唬得低頭了，而他該發的脾氣也發了，再逼問下去，萬一我來個抵死不說，他除了顏面盡失，又能奈我何？於是他換了個倨傲，但較不淩人的口氣：『你今天考上了大學，但你要知道，這其實沒什麼了不起！我

當初也是考上大學的，我是放棄大學才去考軍校的。像我這樣的人，在軍中其實沒幾個。』說到這裏，他大概也已察覺到自己的語無倫次，加上我從頭到尾保持緘默，因此，除了放我走，他其實再也沒什麼好說的。離開那個怪怪的總隊長，我的心情似乎也被他感染了，一路上總覺得怪怪的。

回到隊上不久，我便聽到某種傳言，傳言的出處是小隊長。自從聯考回來，我便和小隊長們建立起至少是互信的友誼，而他們和輔導長的袍澤之情，我也是十分清楚的。因此，從他們口中傳出來的消息，我又怎能不信？他們分別告訴我輔導長很可能會被上級以『抗命罪』論處。我聽完，一方面覺得不可理喻。一個輔導長，根據自己的細心觀察，發現某一個隊員不但有心，而且有實力考大學，加上又有台北監獄典獄長來函爲他背書請命，因此協助他報考，結果也順利考上。這樣的輔導長沒有獲得獎勵已經夠背了，還要被治罪，難道警備總部對自己的幹部，也像對流氓那樣蠻不講理？明明是美事一樁，看在上級眼裏，爲什麼就變得不一樣？管訓隊並非作戰單位，任務以輔導隊員爲主，那些從不接觸隊員的『上級』，有什麼正當性來指責輔導長『抗命』？

另一方面，我也爲輔導長可能面對的凶險感到心急。有一次，我就夢見他被戴上腳鐐，關

在軍事看守所。我想要解救他，覺得他不該被關在那裏，卻無論如何也無法接近他。夢醒之後，我覺得十分汗顏。如果他當初也和『上級』一樣，不但不允許我讀書，還千方百計堵死我的出路，說不定我會和三弟一樣，在水淹鼻孔的情況下，伺機奪槍，二話不說將他斃了，並且認爲這樣的小人死有餘辜。但如今，面對即將因我而受罪的輔導長，我又能拿什麼回報他？我發現一直以來，我都活在以自我爲中心的世界，一切的努力，都只爲個人圖。我告訴自己：『我願代他受罪！』問題是，我連代人受罪的能力都沒有。我必須承認，現階段的我，所蓄積的仍只是破壞的能量，和毀滅的因子。

再留一年

我只顧爲輔導長焦急，卻沒想過自己何時能夠『出獄』。直到有一天，一個陪我去考大學的小隊長跑來，氣喘吁吁地告訴我：『大隊輔導長找你，等一下大隊傳令就會過來。記得！千萬要護住輔導長！』我向他點點頭。一會兒傳令果眞來了，我二話不說，跟著他走。他帶我穿過操場，最後在總隊部右側第一棟建築物門口停下。不必他示意，我自行走了進去。『大隊輔導長』這個職稱，我還是第一次聽到，更別說和他見過面了。眞不知他平日負責哪些事？輔導的又是哪些人？我走進去之前，先在門口站著，喊一聲：『報告！』裏面沒有回應。我拉開喉嚨再喊一聲：『報告！』裏頭才輕輕回了一句：『進來！』進去之後，我按大隊輔導長的指示，在靠門一張單人沙發坐下。大隊輔導長長得十分瘦小，難怪剛才的回聲那麼微弱。

大隊輔導長看著我，似乎不知該說些什麼。他先官式地清清喉頭，然後才開口：『今天叫你來，不爲別的……』我因爲座位離他太遠，加上他輕聲細語的，實在聽不清楚他到底說些什麼。他看我一頭霧水，便走近前來，再重述一遍：『今天叫你來，不爲別的，爲的是讓你知道，這樣僵持下去，對誰都沒有好處。你知道你們輔導長爲了你，已經遇到麻煩了嗎？』我聽

完，先點點頭，再搖搖頭。他看我還是一臉茫然，便索性把話攤開：『我想，於今之計，只有找你商量了。』他的眼光和我的眼光交接時，顯得有些退卻。他把頭別了過去，對著牆上的領袖，說出他的提議：『這樣好不好？你就在隊上多待一年……』我還是聽不清楚他到底說的是『多待一會』，還是『多待一月』，因此仍像鴨子一樣，偏著半邊臉。大隊輔導長接著補充：『我的意思是，這樣對上對下都有個交代，大家的面子也都能保住，何況一年很快就會過去，到時再出去讀也還不遲……』

聽到這裏，我知道他的意思了。難怪！一個職業軍官，長得再怎麼瘦小，聲音應該也還洪亮才對，怎麼他偏偏就像個閨秀，說起話來細聲細氣的，像一隻繞樑的蚊子，原來如此！我想：『這有何難呢？總隊長愛面子，給他面子就是了，只要輔導長不被他糟蹋，莫說一年，就算關到三年結訓，我也心甘情願。』打定主意之後，我只回答大隊輔導長一個『好』字，便告辭離去。

回到隊上，我又翻出老莊、愛默生和梭羅，重新想起在監獄時，老和尚的臨別贈言：『鐵窗會教導你一切的！』我覺得自己並未辜負老和尚的教誨。『應無所住，而生其心』，我又何必執著於一時？只要一顆心不變，今年和明年又有什麼差別？這一年，或許可以換取我一生的

堅定。能不能如願成為詩人，能不能臉不紅心不跳坐在夢裏那個教授的位子，或許就取決於這一年。在往後的日子裏，我專心研究出世的哲學，認眞從超越的角度觀照俗世的一切。但偶爾我也會忍不住反推，站在人間的利害，譏諷出世的虛僞。我忽而像做夢的彩蝶，夢見自己，忽而像做夢的自己，夢見彩蝶。我不斷地超脫，不斷地跌回現實。

我百思不得其解，人世間眞的是虛幻的嗎？眞如愛默生所說，只是上帝意志的一個投影嗎？詩和藝術也是不眞的嗎？只是人心起伏的種種象徵嗎？除了超越生死，至眞至善至美的『本心』之外，便再也沒有什麼值得計較的嗎？就在我無力超脫而陷於苦思的時候，輔導長來了，他的出現又將我引回現實。他用一種似笑非笑的口吻問我：『怎麼？又要考大學啦？』我點點頭，『是！這回要考的，是一般大學生考不上的大學。』他似乎聽不懂我的意思，只是苦笑著，向我招手。我從上舖翻下來，隨他走到寢室外的長廊。他用雙手支著半人高的外牆，面向總隊部，『你眞的要在這裏多待一年？』我點點頭，心想：『除了在這裏多待一年，我還能怎麼樣？總不能逃出去唸大學吧？』他看我果眞點頭，不禁急了起來，『那怎麼行？哪有考上大學還待在這裏的？這裏，唉呀！你也知道，考前你調到這兒才多久，成績就退步成這個樣子，要是再待一年，你就毀了，還上什麼大學？你剛剛說要考什麼一般大學生考不上的大學，

我看，等出去再說吧！』我問他：『要怎麼出去？總不能脫逃去唸大學吧？』他無話可說。

第二天晚上，輔導長又跑來找我，一見面便興奮地說：『你和我不一樣，我高中畢業便考入軍校，一路走來就是這個樣子，外面的世界到底是圓是扁，其實我也不知道，但我相信你是知道的。你在外面闖蕩了那麼多年，難道沒有幾個有影響力的朋友嗎？』我說：『什麼影響力？要能影響總隊長的，我一個也沒有。這種「朋友」，只有外省掛兄弟才有管道去結交……』輔導長立刻打斷我，『唉呀！你扯哪兒去了？什麼外省掛？我還不是外省子弟，為什麼會選擇跟你站在一起？我的意思是，你難道沒有幾個朋友，有足夠的「影響力」能把你考上大學的消息散佈出去？』我抓抓後腦，『散佈到哪兒去？』他看我一副傻相，也覺得好笑，『你看你！都變成書呆子了，當然是散佈給媒體，給報紙啊！你這可是眞正的新聞喲！監獄的囚犯考上大學是時有所聞，但管訓隊的「流氓」考上大學，不但空前，也可能絕後呢！』

我看輔導長一臉認眞的表情，便坦白告訴他：『其實，我也曾經想過要這麼做，只是擔心到時新聞「爆」了出來，我自己走得成，因為在這裏我根本不是囚犯，何況我已考上大學，再也不是什麼「流氓」，可是你呢？我能藉輿論的力量走出這道門已是萬幸，哪有能力保護你呢？何況，記者會也不是我本人出席，那必須由我的朋友「代打」，而他們的目的是送我回本

壘，誰還顧得了你啊？』輔導長聽我這麼說，喜形於色，『那你的意思是，你有辦法把這個消息散佈出去囉？』我點點頭。他興奮地重擊我的臂膀，『好！就這麼辦！把消息洩漏出去。我這幾天想來想去，實在也想不出什麼法子來，最後想到或許只有你才能救得了你自己。怕只怕新聞出不來，一旦出來了，你還擔心我什麼呢？或許管訓隊仍有一、兩個人還無法接受這個事實，但對整個警備總部而言，這絕對是一項喜訊。說不定，總司令還會為你支付大學四年的學費呢！』

一道金色的陽光

要把我考上大學的消息洩漏出去，第一個就要聯絡阿潭。他不但是我當時最信得過的朋友，更重要的是，他有足夠的實力，在戒嚴時期把基隆所有的媒體全部請出席。我早已算過，阿潭假釋的日期應該在我考大學前後，我決定試一試。如果聯絡不到他，那就表示他仍未出獄，因爲他不可能閃避我。若阿潭眞的爲了某種難言的苦衷而閃避我，我還有另一個請託的對象。他叫一茶，和我的交情不下於阿潭，在基隆的『影響力』也夠。只是我與他闊別多年，不像和阿潭在獄中朝夕相處，因此，不好第一個向他開口。不過，我判斷阿潭應該會找他聯手。說來說去，我的人脈都是『兄弟』，但那的確是我當時實際的交往情形。

和輔導長商量之後，我決定拜託隊上的經理士，請他當個聯絡人。經理士是一等一級士官長，也就是俗稱的『老芋仔』。我先假意找他聊天，聊的都是關於他的事情。他告訴我他是廣東人，十五、六歲便跟著國民黨軍隊背後跑，爲的只是換一口軍糧吃。他是我遇過的『老芋仔』當中，唯一不吹噓自己如何渡長江，過黃河，如何抗戰剿匪的。他坦承在他決定跟著國民黨軍隊跑時，國民黨在中國早已窮途末路，因此，也沒跑過幾個地方，便胡亂跟著部隊上船，來到台

灣。我看他說話頗爲老實，便把來意原原本本向他報告，也暗示他這是輔導長的意思。

經理士聽完之後，考慮了半天，最後竟然跟我談起條件來，『可以是可以，不過，我這裏才剛有一個隊員結訓，他是我的最佳幫手，人頂聰明，把隊員的財物交給他，也不會污掉。如果你願意來補這個缺，我是可以幫你打幾通電話，跑幾趟基隆。我剛剛忘了告訴你，基隆是我當初登陸的港口呢！』我雖然在『宏德補校』唸的是商科，但對會計理財，公物保管卻是糊裡糊塗。我知道自己不可能做得好這份差事，便老實告訴他，並請他不要把剛才的話洩漏出去。我站起來告辭，但還來不及轉身，他便叫住我。『等等！』他也站了起來，『我都還沒告訴你，要你到這兒來，是要幫我做哪些事，你就替我決定啦！我有說要你理財會計？有說要你保管公物？你要知道，這可是個十足的好缺。你去隊上問問看，多少隊員千方百計想來這裏，問題是我中不中意？』

他把我從門口拉回來，硬生生將我按坐在他的椅子上。『來！聽我告訴你！』他一把拉過幫辦的椅子，在上面坐下，『我剛才有沒有告訴你，我來到台灣之後，便在這兒結婚生子？』他看我搖搖頭，便繼續說：『我就是要告訴你這個。我來到台灣之後，省吃儉用了十幾年，才有能力娶妻。我有個女兒，今年剛從國中畢業，也順利考取了五專。我看她那副得意的樣子，

好像已經對她媽和我很有交代了。問題是，我希望她唸高中，將來或許有機會上大學，也算替我掙個面子。你知道，在我們家鄉，整個縣城，好幾年才出一個大學生，但不管我怎麼說，我那寶貝女兒就是不聽。我讓你來，其實也不要你做什麼。你只需坐在這兒，有電話就聽一聽，沒事便讀你的書，其他我自會打理。』我說：『那我到底還能爲你做什麼？』他急忙揮手，『沒什麼！沒什麼！有的話就是……』我靜靜地等著。『就是我女兒升大學的事，要隨時請教你。我聽說考大學很不容易，每年十萬人，只取一萬多而已。』我向他點點頭。他十分高興地說：『輔導長那兒，我去報告。准了，嘿嘿！一定准的，明天你就不要再去工場了，直接來這裏幫忙。有機會我會帶我女兒來，你要幫幫我啊？』我說：『那我基隆的事呢？』他笑著直說：『沒問題！沒有問題！』

輔導長沒有看錯人，經理士辦事不只牢靠，而且很有效率。不到三天，他便把聯絡的經過和結果一五一十告訴我，連阿潭招待他的細節也不放過。我尷尬地打斷他，『謝謝你！這樣很好，不過……』『不過什麼？』這回輪到他打斷我，『該辦的，我都辦好了，我約他後天下午一點鐘到總隊來，到時我會負責帶他進來。』

阿潭來時，就像走私的水貨，先由經理士接著，幾經轉手，最後送到離隊上最近的福利社

一角，輔導長在那兒等著。見到阿潭，是在輔導長辦公室。我們面對面，其實也沒有多少話好說，只是確認彼此眞正的意思而已。我向他簡述我的處境時，故意不斷提醒他，並請他轉告一茶，我這趟出去是眞的要去唸書的，請他們不必籌備什麼應酬式的賭局，做爲我『出獄』的生活基金。阿潭耐心聽完之後，對我點點頭。我看得出他點頭時神情是落寞的。他一直希望我出獄後能和他攜手打拼，共闖一番天下，沒想到我幾年書讀下來，竟變成如今這個模樣。不過，他畢竟還是點頭了。我和輔導長送他出了後門，經理士早已等在那兒。揮手時，輔導長還很擔心地問我：『他會不會變卦？』我搖搖頭。

我開始耐心地等待『新聞』，輔導長卻顯得相當急躁。有一次，他問我會不會睡不著？我說：『我這輩子唯一一次失眠，是在監獄決定考大學的那個晚上。之前和之後，無論遇到什麼挫折或險惡，總都能等到睡飽了再來應付』。他聽了，顯得有些委屈，『那像我們這種容易睡不著的人，豈不都是傻瓜囉？』我說：『睡得好的人，其實也是傻瓜，只不過比別人多一分精神和體力，去追逐虛浮的慾望而已。在我看來，人生就像泡沫，吹得愈大，期望愈多。等到破滅了，才心生許多不甘，卻忘了即使不破，自己也還只是泡沫而已。我好睡，部分也是得自遺傳，我父親只要數三下就睡著的。我唯一睡不著的那個晚上，是因爲「念頭」在吹泡沫。其實

那個念頭，我可以等到白天再加以檢視的。』輔導長聽完，只回答一個字：『喔！』

送走阿潭的第六天深夜，我做了一個夢。夢裏，我是一個還未學步的小兒，爬行在一片漆黑的世界。我感覺那片漆黑是方形的，因爲我是從一個角落爬到另一個角落，每爬過四個角落，便回到原點。爬行時，從我的膝蓋，和兩隻小手，不斷傳來陣陣的刺痛。偶爾，我會坐著，用左手疼惜右手，再用右手撫慰左手，然後用雙手撥去膝蓋的煤渣。有時，我會跪著，用手背來回抹去眼角的蛛絲，然後調皮地伸出十指，在兩頰與落荒而逃的小蜘蛛玩起『抓鬼』的遊戲。

我不斷地爬行，漸漸覺得世界已變成一個小圓圈，因爲我已觸摸不到任何的角落。我正在縮小爬行的範圍，坐著和跪著的頻率也愈來愈高。我開始將抓來的小蜘蛛，送進嘴裏，腹中仍是飢腸轆轆。我開始動手捕捉蟑螂，捕不到蟑螂，便到處撿拾老鼠屎。我吃了就吐，吐了又吃，吃夠了，便像一隻爬蟲，趴在地上呼呼睡去。睡醒之後，又繼續下一段爬蟲的旅程，從方形的漆黑到圓圈的世界，從坐姿到跪姿，從捕食到嘔吐。我心中充滿著恐懼，而恐懼竟如一道攔水壩，堵住淚水的出口。

這樣的夢，整晚不停地反覆，彷彿電視畫面的重播。我想用驚叫替自己解圍，但無論如何

嘗試，都還是在原地爬行。我像一條返鄉的鮭魚，在攔水壩底下，不斷繞著圈子洄游。就在我決定放棄跳躍，開始模仿水草漂流的姿勢，側躺著身子，準備關閉兩鰓時，忽然凌空垂下一根長長的釣竿。我立刻張口，咬住魚餌，忍著一時的劇痛，隨魚線翻上岸邊。噙著甜蜜的淚水，我看見輔導長，手握當日的報紙，窗外一道金色的陽光。

後記

我是在九月中旬獲得管訓隊的『離隊證明書』，剛好趕得及東吳大學的新生註冊，那年是一九八一年，我廿六歲。記得我一回到家，才剛跨過戶庭金紙鼎上的火，還來不及煩惱未來四年的所費，母親便拿出兩包錢和兩包信。一包是整筆一萬伍仟元，足夠第一學期的學費，那是母親央三託四借標來的會錢，我毫不考慮地把那包錢塞還給她。第二包是左右鄰居數百一千湊來的。那時，我們的礦區已經沒落，但仍維持極具人情的風俗，有什麼好歹事，大家總要湊個份數。其中一筆，是已搬離我們礦區不只十年的演藝人員白冰冰，託她父親送來的伍仟元，那時她還只是個小歌星。

白冰冰比我早一年出生，她家前門正對著我家後門。雖然她在青少年時，即已隨父母遷出我們的礦區，但在我最需要幫助之際，仍不忘送炭。白冰冰的念舊，一直令我無法忘懷。那也就是爲什麼，在一九九七年發生震驚海內外的白曉燕綁架撕票案，主嫌陳進興挾持南非武官全家以爲談判籌碼時，我會不惜以激將法說服我的好友，當時正在競選高雄市長的律師謝長廷，出面介入勸降的原因。我和謝長廷約定，先一起到現場，透過電子媒體向陳進興喊話。由他答

應爲陳進興的妻子辯護，那是陳進興的主要訴求，我則答應認養陳進興的孩子，以爲謝長廷的談判加碼。條件是陳進興必須釋放國際人質，並且棄械投降，接受審判，以還苦主白冰冰和其他受害者一個公道。

後來陳進興果眞要求與謝長廷面對面談判，並接受他的條件。對於我加碼的部分，據謝長廷事後轉述，陳進興先是一臉驚異，繼而逞強婉拒，但談判態度已明顯軟化。謝長廷是個政治家，他介入的動機，雖然也有選票的考量，但基本上還是爲了社稷的安危，而我只是私人報恩爲先，並不像一般街談巷議，媒體評論所指具有『大愛』之人。我的目的只有一個，避免陳進興槍殺國際人質而後自戕，避免民衆事後遷怒白冰冰的鼓譟言詞。我可以預知白冰冰日後一定不會諒解我，但當時爲了保護她，實在已管不了那麼多。

第二包除了現金，還有一張三萬元的支票。那支票寄自台北，寄票人只說他姓魏，是東吳校友，現任律師。我和魏律師素昧平生，想退款也找不到地址。『爲善不欲人知』，過去我只是聽聞，如今卻讓我遇上。後來，我和魏律師見了幾次面，我們很自然地成爲好友。魏律師的正直與好義對我日後影響極深，可惜他英年早逝，令我至今仍有『士未能爲知己死』的遺憾。

還有兩封信。第一封是警備總部的公函，很官式的，說是已核准補助我大學四年的學費。

我看完之後，告訴自己：『就當它是地下法院提供的賠償金罷！』另一封寄自東吳大學校長室，信紙卻是私人便箋。寄信人先說他知道我來自管訓隊，資質想必十分秀異。然後他鼓勵我，一定要排除萬難，堅定地唸下去。信尾署名是端木凱。我不知道端木凱是誰，直到大二時，有一次因受某種刺激，使性要辦理休學，才在他的攔阻下，與他見了面，這才知道，他就是望重國際法學界的東吳大學校長。他說他擔心的就是『這個』，並說只要我唸得完東吳，將來有一天，一定會回來執教的。他說這話，令我著實嚇了一跳，想不到我在管訓隊胡亂做過的夢，竟與他的預言吻合。他七老八十了，邊說邊拖著歲月的腳鐐；我決定聽他的勸。回宿舍後不久，我便收到一年註冊費的退費，和從此免學費的通知。

除了兩包錢和兩封信，還有兩個人來訪。先是基隆聞人一茶。他掀開帶來的皮箱，指著一疊一疊的現鈔對我說：『建隆！這是我爲你準備的「內場」，第一場梭哈，不管A多少，都算你的。第二場以後，咱兄弟再來拆帳。』那時一場梭哈A下來，少說也有二、三十萬進帳，但我想起母親，想起魏律師和端木校長，因此毫不考慮地婉拒了一茶。稍後阿潭也來了。他說願意負擔我大學四年一切的費用，我也立即加以婉謝。

大學四年，我非常用功，不但贏得『圖書館管理員』的稱號，也獲得許多的獎學金。大二

時，我開始和同班一位女同學相戀。她有著披肩的長髮，白皙的皮膚，略帶歐式的鼻子，不施脂粉，淡淡的書香。我每次看到她，總會憶起在管訓隊時夢見的那個女孩。出業後，她成爲我的妻子。

一九八六年夏初，在我的岳父母賴子欽和賴林碧雲的支助下，我和妻子一起赴美留學。我們先在紐約州立大學受完兩年英美文學碩士教育，再轉往密西根州攻讀博士。我知道，一個台灣來的留學生，想在美國的大學獲得英美文學博士，是很不容易的事。不過，自從我在監獄和管訓隊發奮苦讀以來，一直都交著好運。修完第一年博士課程，我就在研究所所長，也是我第一個指導教授，James McClintock的引介下，認識了美國重量級女詩人Diane Wakoski教授。她不但爽快地答應加入我的指導教授群，並且在往後的日子裏，和McClintock教授聯手，幫我爭取到教學助教和研究助教獎學金。更重要的是，她不斷地和我談論詩學，期望我回國後也能成爲重要的詩人。在她熱心的指導和協助下，我的論文進行得非常順利，最後只花四年便獲得博士學位。

一九九二年春末，我和妻子回到台灣，身邊多了兩個在美國出生的女娃娃。不出端木校長所料，也應了我在管訓隊所做的荒唐的『教授夢』，我果眞獲聘回東吳大學英文系任教，負責

英詩、美國文學和文學批評的課程。我很想再見端木校長一面，可惜他已早一步仙逝。我只能偶爾從座落於雞南山山腰的教學大樓或研究室，憑欄俯望外雙溪徘徊不去的白鷺，回想恩人昔日飄飄的白髮。

回國七年，除了份內的教學工作，我也加入本土的『笠詩社』，在『綠色和平電台』連續三年主持介紹本土文學的節目，並在各報章雜誌發表詩作，已出版六本個人詩集，三本學院詩人合集，並主編《東吳大學建校百年紀念詩集》。一九九九年，在文壇大老鍾肇政先生的囑咐下，開始從他手中接辦歷史悠久的『吳濁流文學獎』。另外，我也擔任由釋昭慧和釋性廣兩位法師所領導的動物保護組織『關懷生命協會』諮詢委員，爲動物的基本生存權付出淡薄的努力，也算是啣草報答當初保護過我的那群流浪狗吧！

我甚至曾經是主張激烈改革的『台灣教授協會』的活躍份子，並曾和現任基隆市長李進勇一起獲民進黨提名，在基隆市參選立法委員。經過半年激烈的選戰洗禮，我發現自己仍只是個『近墨者黑』的俗人，『出污泥而不染』的人格境界，離我仍十分遙遠。我覺得如果我繼續經營政治的話，極可能會被自己的慾望和虛榮所蒙蔽，而由理想的追求者淪爲權利的爭奪者，因此，不顧支持者的勸阻，決定遠離政治，回歸文學。

我一直以爲，像我這樣的人生經歷，回首起來，只有不堪，根本算不上傳奇，更不値得自傳，勉強成書的話，只會『教壞人家的囝仔大小』。因此，當總編輯朱亞君小姐代表皇冠文化集團找上門來時，我便再三表達內心的不安，以爲託詞。我說，我深怕感化院和少年監獄的孩子們，看過這本書以後會說：『還沒呢！我都還沒去過成人監獄呢！』而成人監獄的囚犯，也可以從書中找到藉口：『還沒呢！我都還沒去過管訓隊呢！』

這本書，除了可能有的一點點文學價値以外，到底還能發揮什麼淑世的作用？如果它勉強是一盞燈的話，那麼，是要爲黑暗中的朋友照亮繼續前進的路，還是及時回頭之途？就在我心中充滿疑惑之際，智慧的亞君小姐及時點撥了我：『放心！身在黑暗中的朋友，讀完這本書以後，根本不會有繼續前進或及時回頭的問題，他們只有如何改走另一條路的問題。其實，不管前進或後退，改或不改走另一條路，都不是我們出書的目的。你是一個詩人，也是文學教授，不可能不知道書只有兩種——好書和壞書。而我們要的是好書，也相信你能爲我們寫出好書來。這就夠了！不是嗎？』要不是亞君小姐這一席令我『安心』的話，我想，即使我爲了貪圖稿酬，而在契約書上簽字，最後還是有可能蠻皮、耍賴的，反正契約上又沒有翻悔賠償的條款，何況我以前還是個『流氓』呢！

國家圖書館出版品預行

流氓教授 / 林建隆著—

平安文化，2000【民 89】

面；　公分—（平安叢書：第0141種）

（Forward：4）

ISBN 957-803-284-6 （平裝）

1．林建隆—傳記

782.886　　89002864

MW00748673

平安叢書第 0141 種

FORWARD 4

流氓教授

作　　者—林建隆

發 行 人—平　雲

出版發行—平安文化有限公司

台北市敦化北路 120 巷 50 號

電話◎ 2716-8888

郵撥帳號◎ 18420815 號

香港星馬—皇冠出版社（香港）有限公司

總 代 理　香港灣仔告士打道 80 號 16 樓

電話◎2529-1778　傳真◎2527-0904

總 編 輯—朱亞君

責任編輯—張純玲　美術設計—吳淑萍

篇章繪圖—崔永嬿

校　　對—孟繁珍、何錦雲、張純玲

著作完成日期—2000 年 1 月

香港完成日期—2000 年 3 月 19 日

初版一刷日期—2000 年 3 月 24 日

初版十三刷日期—2001 年 3 月 22 日

法律顧問—蕭雄淋律師、王惠光律師

有著作權、翻印必究

如有破損或裝訂錯誤，請寄回本社更換

讀者服務傳真專線◎ 02-27150507

皇冠文化集團網址 http://www.crown.com.tw

電腦編號◎ 401004

國際書碼◎ ISBN 957-803-284-6

Printed in Taiwan

本書定價◎新台幣 200 元 / 港幣 61 元